İNSA… …RSE

AZMİN ZAFERİ ÖYKÜLERİ 1

KONSEPT DANIŞMANI
MÜMİN SEKMAN

İNSAN İSTERSE

AZMİN ZAFERİ ÖYKÜLERİ 1

KONSEPT DANIŞMANI
MÜMİN SEKMAN

ALFA®

Alfa Yayınları **1757**
Kişisel Gelişim **52**

İNSAN İSTERSE

AZMİN ZAFERİ ÖYKÜLERİ-1

Konsept Danışmanı
Mümin Sekman

1. Basım : 2006
42. Basım : Nisan 2011
ISBN : 978-975-297-818-8

Sertifika No: 10905

Yayıncı ve Genel Yayın Yönetmeni M. Faruk Bayrak
Yayın Yönetmeni ve Editör Rana Alpöz
Pazarlama ve Satış Müdürü Vedat Bayrak
Kapak Tasarımı Sefa Karahan

Baskı ve Cilt
Melisa Matbaacılık
Tel: (212) 674 97 23 Faks: (212) 674 97 29

Alfa Basım Yayım Dağıtım San. ve Tic. Ltd. Şti.
Ticarethane Sokak No: 53 34110 Cağaloğlu İstanbul, Turkey
Tel: (212) 511 53 03 - 513 87 51 - 512 30 46 Faks: (212) 519 33 00
www.alfakitap.com
info@alfakitap.com

İÇİNDEKİLER

DİZİ HAKKINDA MÜMİN SEKMAN'IN SUNUŞU: HER ŞEY BİR İNSANLA BAŞLAR!

Başlangıçta büyük hayalleri, küçük hayatları vardı.
Hayallerinden aldıkları güçle yola çıktılar.
Umutlarından başka başlangıç sermayeleri yoktu.

Küçük imkânlarla büyük engelleri aştılar.
Kaybetme ihtimalleri kazanma ihtimallerinden fazlaymış gibi görünse de,
Çevresindekiler, "boşuna deneme olmayacak" dese de,
"Göreceksiniz olacak" diyen iç sesleri bile bazen titrese de,
Yenile yenile yenmeyi, direndikçe kazanmayı öğrendiler.

Başardıklarıyla, "İnsan gerçekten isterse, azmin elinden hiçbir şey kurtulmaz," dedirttiler!
Diğer insanlara "O da benim şartlarımdaydı, o denedi ve başardı, ben de yapabilirim," duygusu verdiler.
Biz de bu coşkuyu daha çok insana yaymak için öyküleri yazdık.
İnsan İsterse serisi büyük zorlukları aşarak önemli işler başarmış insanların öykülerinden oluşan bir kitap dizisidir.
Kıt imkânlarla büyük engelleri aşmış, binbir zorluğa ve büyük acılara rağmen hedefine ulaşmış insanları ele alıyoruz.

Bazen tanınmış kişilerin henüz yolun başındayken hangi zorlukları nasıl aştığını anlatıyoruz. Bazen de, kimsenin tanımadığı sıradan bir insanın nasıl da sıra dışı işler başarabildiğini gösteriyoruz.

Gündelik hayatın aşındırmaları ve medyanın *negatif bilgi yüklemesine* karşı hayat enerjimizi korumanın en iyi yolu *insanı başarıya azmettiren* bu tür öyküleri okumaktır. Kurgu edebiyat değil *gerçek yaşanmış olaylardan çıkarılan* bu öyküler, mücadele azminizi güçlendirecektir.

Bizim şartlarımızdan yola çıkıp, ileride olmak istediğimiz yerlere gelmiş insanların öykülerini okumak moral güç ve enerji verir. Bu enerji insanın yüreğini ateşler, mücadele duygusunun ve başarı tutkusunun kapaklarını açar. Ne kadar zor şartlarda olursak olalım, başarıya götüren bir ihtimalin olduğunu bilmek, umudumuzu canlı tutar.

Nobel ödüllü idealist Doktor Albert Schweitzer *"Herkesin hayatında bir an gelir, içindeki ateş söner. Sonra, bir başka insanla karşılaşınca alevlenir. Hepimiz içimizdeki ruhu yeniden tutuşturan o insanlara müteşekkir olmalıyız," der.* Biz de içinizdeki başarı ateşini canlandırmak için bu öyküleri sunuyoruz.

Türkiye'nin azim veren başarı öyküleri antolojisi

Bu diziyi öncelikle kendimiz için hazırladığımızı itiraf etmeliyim. Çünkü biz de bu öykülerden besleniyoruz. Bu öyküler, bize *kim olduğumuzu* ve *ne için yaşamamız gerektiğini* gösteriyor. Bize benzer ruhları gördükçe, daha bir cesaretle işimizi yapıyoruz.

İnsan İsterse dizisinin *Türkiye'nin azim veren başarı öyküleri antolojisi* olması için yola çıktık. Yıllarca devam edip, onlarca sayı yayınlanıp, milyonlarca okurun hayatına dokunup, bir klasik olmayı umuyoruz. Şimdiden, *Türkiye'nin en çok okunan başarı öyküleri dizisi* olduk. Dileriz, ileride kollektif kültürümüzün ortak paydalarından oluruz.

Amacımız büyük işler başarma isteği olup da elinde fazla imkânı olmayanların başucu kitabı olmak. İnsanların zor zamanlarda okuduğunda moral ve akıl alabildiği öyküler üretmek. Başarılı insanlarımızın "nereden nereye geldiğinin" kapsamlı bir şekilde dökümünü yapmak.

Başarılı insanlardan başarı taktiklerini alıp, başarılı olmak isteyenlere aktararak, bir tür Robin Hood'luk yapıyoruz. Böylece başarılı insanlardan bir şey eksiltmeden, başarılı olmak isteyenleri çoğaltıyoruz. *Başarı bilgisine ulaşmada fırsat eşitliği sağlıyoruz.*

Başarılı olmak isteyenlerin severek okuduğu, başarmış insanların kendi öyküsünü görmekten gurur duyduğu bir *başarı öyküsü bankası* olmayı hayal ediyoruz. İdealist insanların en beğendiği dizi olma idealimize sizin de sahip çıkacağınızı umuyoruz.

Bu arada, bir gün sizin de öykünüzü yayınlamaktan büyük bir sevinç duyacağımızı bilmenizi isterim. Unutmayın ki, bu kitapta başarısına yer verilen insanlar da, bir zamanlar başka insanların *başarı öykülerini* okuyup moral ve ders çıkarmışlardı.

Madem okurumuzsunuz, size "öyküsü yazılmaya değer bir başarı" gerçekleştirmeniz hakkında üç önemli sır verelim!

1. Hayata başladığınız yer ile şu an bulunduğunuz yer arasında farkın büyüklüğü önemli. Ne kadar dipten başlarsanız, şu anda bulunduğunuz yer o kadar "görkemli" görünür!

2. Amacınıza giderken aştığınız engellerin büyüklüğü önemli! Yürüdüğünüz yolda engel yoksa, herkes o yolun sonuna kadar gidebileceği için, o yolun sonuna gitmiş olmak bir başarı değeri taşımayacaktır.

3. Başlangıçtaki maddi imkânlarınızın *amaçlarınıza göre* yetersiz olması ise önemli! Çok paranız varsa ve bu paraya

oranla olağanüstü olmayan bir şeyler başarırsanız, bu sizin değil o paranın başarı öyküsü olur!

O halde, azimli başarı öyküsünün tanımı nasıl yapılabilir?

Arkasında bir desteği olmasa da kendi gücüne dayanarak yola çıkan, başlangıçta kaybetme ihtimali kazanma ihtimalinden daha fazla görünse de başaracağına inanma cesareti gösteren, hedefine giderken büyük engelleri aşan, yolda yaşadığı geçici başarısızlıklardan yılmayıp kendini amacına tekrar yöneltebilen, çok sayıda insanın yapmak isteyip de yapamadığı bir şeyi, yasal ve ahlâki sınırları aşmadan başarabilen, başladığı nokta ile geldiği yer arasında büyük fark olan, başlangıçtaki imkânlarıyla orantısız büyüklükte sonuçlar alan, öyküsü duyulduğunda insanlarda şaşkınlıkla karışık saygı uyandıran bir insan başarılıdır.

İnsan İsterse yeni insanlar, yeni kitaplar, tutku ve zeka dolu yeni öykülerle yoluna devam edecek. Kendinden başka dayanacak gücü olmayanlara, ne kadar büyük bir güce dayandıklarını göstermek için var gücümüzle çalışacağız. Niyetimiz azim ve akıl rezervlerinizi sonuna kadar kullanmanızı sağlamak.

Son olarak, azimle ilgili bir yanlış anlamayı düzeltmek isterim. Azimli olmak, "kuru gayret" gösterip aynı şeyi hep aynı şekilde defalarca denemek değildir. Farklı hedefi aynı şekilde ya da aynı hedefi farklı şekilde denemek azimli başarı için daha önemlidir. Azimli olmak kör bir kararlılık değil, esnek bir zeka gerektirir.

Bu dizideki öyküler sadece azim duygusu aşılamak için yazılmıyor, okura aynı zamanda yüksek bir strateji zekası kazandırmak amaçlanıyor. Çünkü sadece azim de, sadece akıl da başarı için yetmiyor, yürümek için iki bacağa ihtiyaç duyduğumuz gibi, hem azimli hem akıllı olmak gerekiyor.

Onlar "Her Şey Seninle Başlar" felsefesiyle hareket eden insanlardır. Onlara göre, hayat bir kayık, başarı ise bir balık gibidir. Balığın kayığa atlamasını beklememek gerekir!

Kayık istediğimiz yerde değilse, kadere küsmek yerine küreklere daha fazla asılmak gerekir. İki katı çabanın çözemeyeceği çok az sorun vardır. Kayığında karnı aç halde yaşayanlara balık tutup vermek yerine, balık tutmasını öğretmek gerekir.

İnsan İsterse dizisi, bu ruhla hazırlandı.

İnsan İsterse ilham veren insan öykülerinden oluşan bir dizi. Dizi yeni kitaplarla devam edecek. Bu diziye "Türkiye'nin azmin zaferi öyküleri antolojisi" de diyebiliriz.

İnsan İsterse dizisi kıt imkânlarla büyük engelleri aşmış, başlangıç sermayesi iç güçlerinden ibaret insanların öyküsüne öncelik verecek. Binbir zorlukla, büyük acılar çekerek sıfırdan zirveye çıkıp herkes tarafından takdir edilen işler çıkarmış insanların öyküsünü anlatacağız.

"O yaptı, oldu, ben de yapabilirim" duygusu

İnsanın "eğer tutkuyla isterse" neler başarabileceğini gösteren, "Azmin Zaferi Öyküleri"ni okumak neye yarar?

Bizim şartlarımızdan yola çıkıp olmak istediğimiz yerlere gelmiş insanların öykülerini okumak insana güç ve enerji verir. Bu enerji birkaç yol gösterici taktik öğrenmenin ötesinde, insanın kalbini ateşler, başarı tutkusunun kapaklarını açar.

Azmin zaferi öykülerinin en büyük yararı, insan beynini pozitif bilgi enerjisi ile beslemesidir. Nasıl ki, bedenimizi neyle beslediğimizi önemsiyor, kilo-kalori hesabı yapıyorsak, beynimizi de pozitif bilgiyle beslemeliyiz. Medyanın *negatif bilgi yüklemesine* karşı bağışıklık sistemimizi güçlendirmenin en iyi yolu budur.

Bu kitapta başarı ve azim öykülerine yer verilen insanlar da, bir zamanlar başka insanların büyük zorlukları aşarak başarıya ulaşma öykülerini okuyup moral bulmuş, motive olmuşlardı.

İnsanların başarısını "görmek" ve "göstermek" istedik

Nobel ödüllü idealist Doktor Albert Schweitzer der ki: "*Herkesin hayatında bir an gelir, içindeki ateş söner. Sonra, bir başka insanla karşılaşınca alevlenir. Hepimiz içimizdeki ruhu yeniden tutuşturan o insanlara müteşekkir olmalıyız.*"

Bize içimizdeki "tam olarak keşfedebilmiş olsaydık, kendimizi oldukça şaşırtacağımız" o görkemli iç güçleri gösteren, insan ruhunun büyüklüğünü yansıtan öykülerin sahiplerine saygılarımızı sunmak, onların başarılarının "görülmesini" ve ilham alınmasını sağlamak için bu diziyi hazırladık.

Her şey bir insanla başlar, diğer insanların katılımıyla büyür, sonuç alınmasıyla başarıya ulaşılır

İnsan İsterse'den ne mi istiyoruz?

İnsan İsterse dizisinin *Türkiye'nin "ilham veren insan öyküleri" antolojisi* olmasını istiyoruz. Yıllarca devam edip, onlarca sayı yayınlanıp, bir klasik olmasını hayal ediyoruz. Duygusal uzaktan kumanda makinesi olsun, okurun ruh durumunu ânında negatiften pozitife değiştirsin istiyoruz. Yılgın okurları silkeleyip kendine getiren bir tür moral küpü olsun istiyoruz.

Başarılı olmak isteyenlerin çok severek okuduğu, büyük bir iş başarmış insanın kendi öyküsünü görmekten sevinç duyduğu bir tür kitap dizisi olmasını hayal ediyoruz.

Başarı merkezli insanların beslendiği ve beslediği bir yayın olma idealimize sizin de sahip çıkıp destek vereceğinizi umuyoruz. Gerçekten beğendiyseniz bizi tavsiye etmenizi, beğenmediyseniz daha iyi olmamız için önerilerinizi iletmenizi bekliyoruz.

Bir gün sizin de öykünüzü yayınlamak isteriz

Bir de şunu düşünün, "İnsan İsterse" dizisinde sizin de başarı öykünüze yer verilseydi neler hissederdiniz?

Siz yazılmaya değer işler başarın, biz de yaşanmaya değer öykünüzü yazalım. Bundan büyük bir onur ve sevinç duyarız. Madem okurumuzsunuz, size biraz torpil yapalım, birkaç sır verelim!

Sıfırdan zirveye uzanan, öyküsü yazılabilir bir başarıda üç şey çok önemli:

Hayata başladığınız yer ile şu an bulunduğunuz yer arasında fark olmalı. Ne kadar dipten başlarsanız, bulunduğunuz yer o kadar "karizmatik" görünür. Zirveye çıkan herkesin değil, "sıfırdan" zirveye çıkanların öyküsü daha çarpıcıdır.

Önünüzdeki büyük engelleri aşmış olmalısınız. Yürüdüğünüz yolda engel yoksa, o yolun sonuna kadar herkes gidebileceği için, o yolun sonuna gitmiş olmak bir başarı değildir. Engeller, öyküsü yazılacak olanları, olmayanlardan ayırmaya yarar. Engellerinizi sevin ve aşın! Onlar sayesinde başarılı olacaksınız. O engelleri bulamayanlar var!

Başlangıçta maddi imkânlarınızın kıt olması da tercih edilir. Büyük paranız olursa, bu parayla bir şeyler başarırsanız, bu sizin değil o paranın başarı öyküsü olur!

Gördüğünüz gibi, zirvedeki birinin çocuğu olarak doğanlar, öyküsü yazılmaya değer bir iş başarmak için en şanssız insanlardır!

Eğer önemli olan bu dünyada "sıfırdan zirveye uzanan bir başarı öyküsü" bırakmaksa sıfırdan zirveye çıkan Vehbi Koç, "Türkiye'nin en zengin adamının oğlu" olarak zirvede doğan Rahmi Koç'tan katbekat daha şanslıdır!

Öyküsü yazılmaya değer bir başarının tarifi nedir?

Birinci sınıf bir başarı da birinci sınıf güzellik gibidir, teorisi tartışılır ama pratikte karşınıza çıktığında onu hemen tanırsınız.

Kafa karışıklığına hiç gerek yok, aşağıdaki özellikleri içeren bir sonuç "insan azminin zaferi" anlamında başarıdır:

Arkasında bir desteği olmasa da kendi gücüne dayanarak yola çıkan, başlangıçta kaybetme ihtimali kazanma ihtimalinden daha fazla görün-

se de başaracağına inanma cesareti gösteren, imkânsızlıklar içinde hedefine giderken zorlukların ve büyük engellerin üzerinden aşan, yolda yaşadığı geçici başarısızlıklardan yılmayıp kendini amacına tekrar yöneltebilen, çok sayıda insanın yapmak isteyip de yapamadığı bir şeyi, yasal ve ahlâki sınırları aşmadan yapabilen, başladığı nokta ile geldiği yer arasında büyük bir fark olan, öyküsünü duyduğunda insanların önce saygıyla karışık şaşkınlık yaşayıp sonra da içten içe onu takdir ettiği, hem kendine hem de başkalarına yararlı işler yapan, ölçülebilir ve kanıtlanabilir üstünlükte sonuçlara ulaşan bir kişi başarılı bir insandır.

Şimdi biraz hayal kurmaya ne dersiniz?

Neyi yapabilmiş olsaydınız, bu kitapta sizin de öykünüz yer alırdı? Neyi yapabilmiş olmak sizi "başarılı" yapardı?

Unutmayın, önemli olan sadece başarmak değil, öyküsü yazılmaya değer bir iş başarmak. Edison'un ampulü keşfetme başarısını hemen herkes bilir. Çünkü bu öykü defalarca yazıldı.

Peki televizyonu bulan kişinin kim olduğunu biliyor musunuz? Buzdolabını bulanın başarı öyküsünü biliyor musunuz? Bilmiyorsunuz! Bu başarılar daha mı önemsiz? Hayır! Fark nerede? *Bazıları sadece başarılı olmaya çalıştı, Edison ise başarısını algılatmayı da başarının parçası olarak gördü.*

Oku, hayatına uygula, sonuç al ve başardığından bizi haberdar et.

Keyifli okumalar.

SENSEİ'NİN SEÇİMİ

"İnsanoğlunun içinde uyuyan güçler vardır.
Kendisi bilse şaşırır. Çünkü bu güçlere sahip olduğu
aklından bile geçmez.
Bu güçleri uyandırıp eyleme geçirebilse,
o kişinin hayatında büyük bir devrim olurdu."

Sweet Marden

Bu kısımda "azmin zaferi"ni ve insanın iç güçlerini yücelten bilgelik öykülerini bulacaksınız. Bu bilgelik öykülerinin çoğu, kulaktan kulağa anlatıla anlatıla anonim hale gelmiş, internette insanların birbirine "moral vermek" için gönderdiği postmodern "kıssadan hisseler"dir. Zihninizi asıl öykülere hazırlamak için, "ara sıcaklar" niyetine bu öyküleri size ikram ediyoruz!

1. İNSAN İSTERSE, BİR İNSANDA BÜTÜN DÜNYAYI BİRLEŞTİREBİLİR!

Adam, bir haftanın yorgunluğundan sonra Pazar sabahı kalktığında dinlenmek için eline gazetesini aldı ve bütün gün miskinlik yaparak evde oturacağını düşündü. Tam bunları hayal ederken oğlu koşarak geldi ve sinemaya ne zaman gideceklerini sordu.

Baba, oğluna söz vermişti, bu hafta sonu onu sinemaya götürecekti ama hiç dışarıya çıkmak istemediğinden bir bahane uydurması gerekiyordu. Sonra gazetenin promosyon olarak dağıttığı dünya haritası ilişti gözüne.

Önce haritayı küçük parçalara ayırdı ve oğluna, *"Eğer bu haritayı düzeltebilirsen, seni sinemaya götüreceğim,"* dedi. Sonra düşündü: "Oh be kurtuldum, en âlâ coğrafya profesörü gelse bunu akşama kadar düzeltemez."

Aradan on dakika geçmeden oğlu babasının yanına koşarak geldi ve haritayı düzelttiğini söyledi. Adam önce inanamadı ve görmek istedi. Gördüğünde hayretler içindeydi ve bunu nasıl başardığını sordu.

Çocuk şöyle yanıt verdi: *"Bana verdiğin haritanın arkasında bir insan vardı, insanı düzelttiğimde, dünya kendiliğinden düzelmişti."*

2. İNSAN İSTERSE, HER DURUMDA DEĞERİNİ KORUYABİLİR!

Meşhur bir hatip konuşmasına 100 dolarlık bir banknotu elinde tutarak başladı.

200 kişilik salonda, *"Bu 100 dolarlık banknotu kim ister?"* diye sordu.

Salonda eller tek tek havaya kalkmaya başladı.

"Tamam bu 100 doları içinizden birine vereceğim, ama önce lütfen izin verin bir şey yapayım," dedi ve banknotu buruşturmaya başladı.

Tekrar sordu: "Hâlâ kim istiyor?"

Salonda aynı eller havaya kalktı.

"Pekâlâ, şunu yaparsam ne olacak bakalım?" dedi.

Banknotu yere attı ve ayakkabısının altında ezmeye başladı.

Bir süre sonra eğildi ve parayı aldı. Banknot kirli ve buruş buruş olmuştu.

"Hâlâ isteyen var mı?" diye sordu.

Salonda eller tekrar havaya kalktı.

"Arkadaşlar, sanırım hepiniz çok önemli bir ders öğrendiniz. Paraya ne yaparsam yapayım siz hâlâ onu istemeye devam ettiniz, çünkü biliyordunuz ki bu banknot değerinden bir şey kaybetmedi. Hâlâ 100 dolar değerinde bir banknot!

İşte hayatımızda bunun gibi çok defalar verdiğimiz kararlar yüzünden ya da karşı karşıya geldiğimiz durumlar yüzünden yere düşeriz, çiğneniriz, üstümüz başımız kirlenir, çamur oluruz. Ama başımıza gelenler ya da gelecekler ne olursa olsun değerimizi asla kaybetmeyiz. Kirli ya da temiz, buruşuk ya da ütülü olalım fark etmez.

Her şart altında bizler hâlâ paha biçilmeziz."

3. İNSAN İSTERSE, HAYALLERİNİ HAYAT TACİRLERİNE SATMAYABİLİR!

Jack Canfield "Düşlerinizi Gerçekleştirebilirsiniz" adlı kitapta "hayallerinden vazgeçmeyen" bir gencin ilginç öyküsünü anlatır. Öykü hayallerinin arkasında duran insanların gücünü göstermekle kalmaz, insanda hayallerinin peşinde koşma isteği de yaratır. İşte o öykü!

İdeallerini hayal hırsızlarına satmayan bir gencin öyküsüdür

San Ysidro'da at çiftliği olan Monnty Roberts adında bir arkadaşım var. Gençlik programları yararına para biriktirmek amacıyla çiftlik evini kullanmama izin verdi.

En son bir araya geldiğimizde beni insanlara tanıtırken şunları söyledi: "Size Jack'in evimi kullanmasına neden izin verdiğimi anlatmak istiyorum. Bu öykü çiftlikten çiftliğe, yarıştan yarışa koşarak atları terbiye etmeye çalışan gezgin bir at terbiyecisinin genç oğluna kadar uzanır. Babasının işi nedeniyle çocuğun lise eğitimi kesintiye uğramıştır. Lise ikinci sınıftayken, büyüdüğü zaman ne olmak, ne yapmak istediği konusunda bir kompozisyon yazması istenir.

O gece oturup günün birinde at çiftliğine sahip olmayı hedeflediğini anlatan 7 sayfalık bir kompozisyon yazar. Hayalini en ince ayrıntılarıyla anlatır. Hatta 200 dönümlük çiftliğin krokisini de çizer. Binaların, ahırların ve koşu yollarının bile yerlerini gösterir. Hayalindeki 200 dönümlük arazinin üzerine oturacak 1000 metrekarelik evin ayrıntılarını da çizer.

Bu projeye kalben bağlıdır. Ertesi gün yedi sayfalık ödevi öğretmenine teslim eder. İki gün sonra ödevi geri alır. Kâğıdın üzerinde kırmızı kalemle yazılmış koskocaman bir "F" ve "Dersten sonra beni gör" cümlesi vardır. Hayalinin peşinde koşan çocuk, dersten sonra öğretmenini görmeye gider ve "Neden F aldım?" sorusunu yöneltir.

Öğretmen, *"Bu senin yaşında bir çocuk için gerçekçi olmayan bir hayal. Paran yok. Gezgin bir aileden geliyorsun. Kaynağınız yok. At çiftliği almak para gerektirir. Önce araziyi satın alman lazım. Damızlık hayvanlar da alman gerekiyor. Bunu başarman imkansız,"* der ve ekler: *"Eğer kompozisyonu gerçekçi hedefler belirledikten sonra yeniden yazarsan, o zaman notunu tekrar gözden geçiririm."*

Çocuk eve gider ve uzun uzun düşünür. Babasına ne yapması gerektiğini sorar. Babası, *"Oğlum, bu konuda kararını vermen lazım. Bu senin hayatın için oldukça önemli bir karar,"* der.

Çocuk bir hafta düşündükten sonra, hiçbir değişiklik yapmadan ödevi öğretmenine geri verir. *"Siz verdiğiniz notu değiştirmeyin, ben de hedeflerimi!"* der.

Monty, daha sonra orada oturanlara döndü ve şunları söyledi: "Bunları size anlatıyorum, çünkü şu anda 200 dönümlük arazim üzerindeki 1000 metrekarelik evimde oturuyorsunuz. Yıllar önce yaptığım ödev şöminenin üzerinde çerçevelenmiş olarak asılı.

Öykünün en can alıcı yönü şu: Aynı öğretmen iki yaz önce 30 çocuğu benim çiftliğimde kamp kurmaya getirdi.

Öğretmen çiftlikten ayrılırken, "*Monty sana şimdi söyleyebilirim. Ben senin öğretmeninken hayal hırsızıydım. O yıllarda çok çeşitli hayaller çaldım. Allahtan ki sen hayalinden vazgeçmeyecek kadar inatçıydın,"* dedi.

Kimsenin hayallerinizi çalmasına izin vermeyin. Kalbinizin sesini dinleyin, her ne olursa olsun.

4. İNSAN İSTERSE, "POZİTİF DÜŞÜNCE ÇOCUĞU" JERRY GİBİ DÜŞÜNEBİLİR!

"Acıların çocuğu" olmayı hepimiz az çok biliriz. Peki "pozitif düşünce çocuğu" olmak nasıl bir şeydir? Pozitif düşünce çocukları ne yer, ne içer, negatif düşünen çoğunluk arasında nasıl yaşarlar? İşte onlardan birinin öyküsü...

"Herkes için biraz mutluluk" isteyen bir adamın hikâyesidir

Jerry, çevresindekilerin çok sevdiği insanlardan biriydi. Keyfi her zaman yerindeydi. Her zaman söyleyecek olumlu bir şey bulurdu. Hatta bazen etrafındakileri çıldırtırdı!

Bu adam, nasıl bu kadar iyimser olabiliyordu? Birisi nasıl olduğunu sorduğunda, "Bomba gibiyim," diye yanıt verirdi hep... "Bomba gibiyim!"

Jerry bir doğal motivasyoncuydu. Yanında çalışanlardan biri, o gün kötü günündeyse, Jerry yanına koşar, duruma nasıl olumlu bakılacağını anlatırdı.

Bu tarzı fena halde düşündürüyordu beni. Bir gün Jerry'ye gittim. *"Anlayamıyorum,"* dedim. *"Nasıl olur da, her zaman, her koşulda bu kadar olumlu bir insan olabiliyorsun? Nasıl başarıyorsun bunu?"*

"Her sabah kalktığımda kendi kendime 'Jerry bugün iki seçimin var: Havan ya iyi olacak, ya kötü' derim. Havamın iyi olmasını seçerim. Kötü bir şey olduğunda gene iki seçimim var: Kurban olmak ya da ders almak."

"Ben başıma gelen kötü şeylerden ders almayı seçerim. Birisi bana bir şeyden şikâyete geldiğinde, gene iki seçimim var: Şikâyetini onaylayıp çoğaltmak ya da ona hayatın olumlu yanlarını göstermek. Ben hayatın olumlu yanlarını göstermeyi seçerim."

"Yok yahu," diye karşı çıktım. "Bu kadar kolay yani?"

"Evet, kolay," dedi Jerry. *"Hayat seçimlerden ibarettir. Her durumda bir seçim vardır. Sen her durumda nasıl davranacağını seçersin. Sen insanların senin tavrından nasıl etkileneceklerini seçersin. Sen havanın, tavrının iyi ya da kötü olmasını seçersin... Yani sen, hayatını nasıl yaşayacağını seçersin!"*

Jerry'nin sözleri beni oldukça etkiledi. Onu, uzun yıllar görmedim. Ama, hayatımdaki talihsiz olaylara dövünmek yerine, seçim yapmayı tercih ettiğimde hep onu hatırladım.

Yıllar sonra Jerry'nin başına korkunç bir olay geldi

Yıllar sonra, Jerry'nin başına çok tatsız bir şey geldi. Soygun için gelen hırsızlar, paniğe kapılıp Jerry'yi delik deşik etmişler. Ameliyatı 18 saat sürmüş, haftalarca yoğun bakımda kalmış. Taburcu edildiğinde, kurşunların bazıları hâlâ vücudundaymış.

Ben onu, olaydan altı ay sonra gördüm. "Nasılsın?" diye sorduğumda, "Bomba gibiyim," dedi. "Bomba gibi!"

"Olay sırasında neler hissettin Jerry?" dedim. *"Yerde yatarken, iki seçimim var diye düşündüm. Ya yaşamayı seçecektim, ya ölümü... Ben yaşamayı seçtim,"* dedi.

"Korkmadın mı, şuurunu kaybetmedin mi?" diye sordum. "Ambulansla gelen sağlık görevlileri harika insanlardı. Bana hep 'İyileşeceksin, merak etme,' dediler. Ama acil servisin koridorlarında sedyemi hızla sürerlerken, doktorların ve hemşirelerin yüzündeki ifadeyi görünce ilk defa korktum. Bu gözler bana 'Bu adam ölmüş,' diyordu. Bir şeyler yapmazsam, biraz sonra ölü bir adam olacaktım gerçekten."

"Ne yaptın?" diye merakla sordum. "Kocaman bir hemşire yanıma yaklaştı ve bağırarak herhangi bir şeye alerjim olup olmadığını sordu. 'Evet' diye yanıt verdim. 'Var.' Doktorlar ve hemşireler merakla sustular. Derin bir nefes alarak kendimi toparladım ve bağırdım: *'Benim kurşunlara alerjim var!"*

"Doktorlar ve hemşireler gülmeye başladılar. Tekrar bağırdım: 'Ben yaşamayı seçtim. Beni bir canlı gibi ameliyat edin. Otopsi yapar gibi değil!'"

Jerry, sadece doktorların büyük ustalıkları sayesinde değil, kendi olumlu tavrının büyük katkısı ile yaşadı. Yaşaması bana iyi bir ders oldu.

Her gün, hayatımızı dolu dolu yaşamayı seçme şansımız ve hakkımız olduğunu ondan öğrendim. Ve her şeyin kendi seçimimize bağlı olduğunu...

Bu yazıyı okudunuz. Şimdi iki seçiminiz var:

1. Unutup gitmek.
2. Kesip saklamak, fotokopisini çıkarıp, dostlarınıza dağıtmak.

Ben, ikincisini seçip bunu sizlerle paylaşmayı tercih ettim.

Francie Baltazar-Schartz

5. İNSAN İSTERSE, HER DURUMDAN KURTULMANIN BİR YOLUNU BULUR!

Biraz da gülelim!

İki rahibe bir akşam karanlık bir yolda kiliseye doğru yürümektedir. Mantıkçıdır. Bir akşam karanlıkta kiliseye dönerlerken matematikçi rahibe mantıklıya dönerek, "Yaklaşık 20 dakikadır bir adam bizi takip ediyor ve gittikçe yaklaşıyor, şu anda aradaki mesafe 50 metre," der.

Bunun üzerine mantıklı rahibe bunun tek mantıklı açıklamasının olabileceğini, adamın kendilerine tecavüz etmek istediğini, bu yüzden daha hızlı yürümeleri gerektiğini belirtir.

Rahibeler daha hızlı yürümeye başlarlar. İki dakika sonra matematikçi rahibe, "Adam da hızlandı ve aradaki mesafeyi kapatıyor, şu anda 30 metre arkamızda. O zaman mantık olarak koşmamız gerekir," der. Rahibeler koşmaya başlar. Birkaç dakika sonra matematikçi rahibe sağa, mantıklı rahibe sola doğru koşmaya başlar.

Matematikçi 20 dakika sonra kiliseye ulaşır ve telaş içinde beklemeye başlar. Aradan 40 dakika geçtikten sonra mantıklı rahibe gelir. Matematikçi sorar:

-Ne oldu, ne yaptın?

-Adam beni takip etti, artık mesafe üç-beş adıma kadar azalmıştı, mantık olarak daha fazla koşmanın anlamı yoktu...

-Eeee...

-Mantık olarak ben durdum, adam da durdu!

-Sonra?

-Mantık olarak ben eteğimi kaldırdım o da pantolonunu indirdi!

-Peki daha sonra?!

-Sonra mı? Ne olabilir ki? Eteğini kaldırmış bir rahibe pantolonunu indirmiş bir adamdan daha hızlı koşar!

HER ŞEY SENİNLE BAŞLAR

MÜMİN SEKMAN

İNSANI BAŞARIYA AZMETTİREN ÖYKÜLER

İNSAN İSTERSE, KENDİSİNE GÜLENLERE, "BİR GÜN O KADAR BAŞARILI OLACAĞIM Kİ, BUNU YAPTIĞINIZA PİŞMAN OLACAKSINIZ," DER VE BUNU YAPAR!

Başarı yeminine sadık kalmış öncü bir kadının hikâyesidir

"Şartlar ve olaylar,
Kim olduğumuzu etkilemiş olabilir.
Ama ne olduğumuzdan ve geleceğimizden
Yaptıklarımızla biz sorumluyuz!"[1]

Hayata 1925'te başladı.

Son kuşak hariç hep üst düzey devlet adamı çıkarmış, kökleri çok eskiye dayanan, geleneklerine sıkı sıkıya bağlı, Arap kökenli ve kalabalık bir ailenin ikinci kız çocuğuydu.

İkinci çocuk olması, başlı başına bir sorundu, çünkü ilk çocuk da kızdı. *"Ablamdan sonra ikinci kız çocuk sahibi olan ailem, erkek çocuk olmadığım için bayağı bir hayal kırıklığına uğramışlar, bana günlerce isim vermemişler."*

10-12 yaşlarına kadar, masada tuzlukla çizilmiş sınırın alt tarafında oturanlardandım

Çocukluğu, herkesin dilediğince söz hakkına sahip olmadığı, suskunluğun kol gezdiği, görülmez ama keskin sınırların çizildiği bir yalıda geçti.

"10-12 yaşlarına kadar, masada tuzlukla çizilmiş sınırın alt tarafında oturanlardandım. Tuzlukla belirlenmiş sınır 'konuşamayıp dinleyenlerdi', yani sayıları 10'u bulan torunlar içindi. Sınırın beri tarafında olmak, büyükbabanın her an sorabileceği sorulara maruz kalmak anlamına geliyordu."

17 yaşında kendisinden 2 yaş büyük olan ablasını kaybetti. Bu olay onun yaşamında bir dönüm noktası oldu.

"Annem bir gün beni yanına çağırdı. 'Bir kızımızı kaybettik, ikincisini de kaybetmeye hiç niyetimiz yok! Derhal bırakacaksın okulu,' dedi."

Babası okumasını istemedi: "Kızımın bacağının yanında bir erkek bacağı, bunu kabul edemem!"

Üniversiteyi okumak istiyordu ama bir anda geleceğe dair tüm planları dondu kaldı. İtiraz edebilme, isteklerini ailesine kabul ettirebilme ve kendini savunma gibi bir hakkı yoktu.

Öğretmenlerinin babasıyla konuşup ikna etme çabaları bile hüsranla sonuçlandı. Alınan cevap çok açık ve netti: *"Kızımın bacağının yanında bir erkek bacağı, bunu kabul edemem!"*

Babasının bu sözlerini hiç unutmadı. Karşılaştığı tutarsız tutuculuklar, belki de onun aklını açan şey oldu.

20'li yaşlarda ailesinin istediği biriyle evlendirildi

20'li yaşlarda ailesinin istediği biriyle evlendirildi. Ve eşinin istediği, kendine ait olmayan bir hayatı yaşamaya başladı.

25 yaşında yaşanan siyasi olaylar nedeniyle tüm mal varlıklarına el konuldu. O dönem çalışmak istedi ancak 26 yaşına kadar ailesinin izin vermemesinden dolayı çalışamadı.

28 yaşında, boşanmanın pek de hoş karşılanmadığı bir dönemde eşinden ayrıldı ve ardından ikinci evliliğini yaptı.

Makyajı akan bir mutsuzluk öyküsüydü yaşadıkları

Hayatı, uzaktan bakıldığında rengini ve anlamını yitiren bir tuval gibiydi. Zincire vurulu bir özgürlük, duvarlar arkasında kalan hayaller ve dıştan bakıldığında bahar, içte ise alabildiğine güz olan, makyajı akan bir mutsuzluk öyküsüydü yaşadıkları.

O hep sustu belki, ama susarken düşünmeye ve bir çıkış yolu aramaya devam etti. Terbiyesinden dilini tutsa da aklını özgür bırakıyordu.

Hikayenin sonrası mı?

Birçokları için "haklı başarısızlık sebebi" olacak bu durumlar, azimli ve akıllı bu kadını durdurabilecek miydi?

Tüm bu kuşatıcı insanlara ve engebeli şartlara rağmen, kendini alçaklara teslim etmeyip, yükseklere taşımayı bildi.

Yıllar sonra, kim olduğunu ve ne istediğini bilen, hayata kendi gözleriyle bakabilen, işine damgasını vurmuş, başarılı ve kendi ayakları üzerinde duran bir kadın olmakla kalmayıp, alanında ilklere imza atıp çığır açan bir insan, yani "Betül Mardin" oldu.

Peki bunu nasıl başardı? Türkiye'ye "halkla ilişkiler" mesleğini getiren kadının sırrı neydi?

İyi ev kadını olsun diye gönderildiği okuldan, meslek çıkardı kendine

Ailesi, "Okuyamazsın," dedi ama o ısrarını sürdürdü. Yüksek sesle isyan etmedi ama teslim de olmadı. Çıkmaz sokakta hayatının akıp gitmesine izin vermedi. İkna edebileceği ölçüde her yolu denedi, çünkü adım atacağı bir yol onu mutlaka başka bir yola ulaştıracaktı.

Sadece kız öğrencilerin gittiği, Akşam Sanat Okuluna yazıldı. 4 yıl boyunca, dikiş, nakış ve çocuk eğitimi aldı. Ailesine göre iyi bir ev hanımı olması için gönderilen bir okuldu ama yıllar sonra orada öğrendiklerini kullanarak kostüm tasarımcısı olacaktı.

Önemli olan, insanın önündeki imkanlar değil, içindeki isteklerdi.

"Büyük düşün, küçük adımlarla başla" kuralına göre hareket etti

Gandi gibi, amacı için küçük ama kararlı adımlar atıyordu. "Büyük düşün, küçük adımlarla başla" ilkesine uygun hareket ediyordu. Yaşadığı ilk evlilikle "çalışamazsın" tabusunu yıkmaya başladı. O dönemde kadınların çalışması pek hoş karşılanmazdı.

Türkiye'de yaşayan yabancıların eşlerinden Türkçe bilmeyenlere Türkçe, İngilizce bilmeyenlere de İngilizce dersleri verdi. Hiç para kazanamadı ama o dönemde paradan daha değerli olan bir şeyi, kendine güvenini kazandı.

Artık en ileri hayallerine giden yolun ayaklarının ucundan başladığını biliyordu. Özgüvenin gücünü, kendi ayakları üzerinde durabilmenin verdiği özgürlük hissini tatmıştı bir kere.

Ailesi için güneş batarken, onun yıldızı parlamaya başladı

Ailenin yaşadığı maddi kayıp ne gariptir ki onun işine yaradı ve iş hayatına da bu dönemde atıldı. Artık çalışan ve para kazanan bir kadındı.

Büyük bir kaybı, sıkı bir manevrayla, iyi bir başlangıca çevirmişti. Ailesi geriye gittikçe, o ilerlemeye başlamıştı. *Güneş battığında kimin yıldız olarak parlayacağı belli olmuyordu!*

Kadın olarak başarısını kanıtlamak için, her defasında savaşması gerekiyordu

İkinci evliliğini tiyatrocu Haldun Dormen'le yaptı. Çeşitli eserleri Türkçe'ye çevirdi, gittiği akşam sanat okulunda öğrendiği tüm hünerlerini eşiyle kurdukları tiyatro için kullandı. Dekor yaptı, kostüm dikti.

Ne ilginçtir ki, tiyatrocu eşi yaptığı işlerde ismini kullanmasını yasaklamıştı!

Bu da çocukluğunda maruz kaldığı 'tuzluk sınırı' gibiydi. Başarı için tüm gücüyle çalışan bir kadının "kendini göstermemesi" için konulan o görünmez duvarlar yine karşısındaydı.

Tiyatrocu eşi, ismini oyunların ya da filmlerin sonunda kullanmaktan ısrarla kaçıyordu. Sakin ama kararlı tavrını gene koydu.

"Bir oyunda 'Artık benim ismim çıkacak' dedim. Haldun (Dormen) da kabul etti. Ama bir baktım ki yine oyunda benim ismim yok. Şimdi sağlam kafayla dönüp Haldun'a baktığım zaman onu affediyorum ama o zaman affedememiştim. Çünkü bana ismimi yazmayı unuttuğunu söyledi. Aramıza bir soğukluk girdi."

İkinci eşinden de boşandı. Yaşı 38'di.

Aynı yıl TV ve radyo alanına adım attı. TRT sınavlarını geçti, yurtdışına yayıncılık eğitimi için gönderildi. Bir zamanlar evden çıkması bile zor olan Betül Mardin, artık yurtdışında özel kanallarda çalışmaktaydı.

Bir gün bir teklif aldı, hayatı değişti!

40. yaşı hayatını, kendini ve tecrübelerini özetlediği bir dönemdi.

Kendisi için planlanmış ve sınırları başkaları tarafından çizilmiş bir hayatı değil, kendi istediklerine göre planlanmış bir hayatı istiyordu.

Bunu yapabilmeye kendini hazırlamıştı. Hazır olduğu şey karşısına çıkmakta gecikmedi. Evrensel yasa çalışıyordu: "Sen neye hazırsan, o da senin için hazırdır."

"Türkiye'ye dönmüştüm. Reklam şirketi kurma projemi konuşmak için gittiğim sırada hiç bilmediğim bir iş teklifi aldım. Teklifi sunan kişi teklif ettiği işi açıklamaya çalışırken, ne o anlattığını anlamaktaydı, ne de ben onun anlattığını. Söylediğine göre çalışanlarla arasında köprü vazifesi görecek, iletişimi kuvvetlendirecek birini arıyordu. Eve gittim, biraz araştırma yaptım ve buldum. Bu mesleğin adı Halkla İlişkilerdi."

Kırklı yaşlarına girerken, bir alanda öncü oldu!

Bilmediği bir denizin tam ortasındaydı. Fakat kendine güvendi, risk alarak korkuların darboğazından geçti ve aklını yoran ikilemlerden sıyrılarak kararını verdi. Artık ne istediğini, ne yapacağını biliyordu. Gideceği yolun rotası çizilmişti.

Bu konuda yurtdışından eğitimler alarak ve sayısız kitap okuyarak kendini çok iyi yetiştirdi. Öğrendiklerini hemen uyguladı. İşe yarayanları daha geliştirip, işe yaramayanları eledi. Okumakla yetinmedi, düşündü, dinledi, konu üzerine derinlemesine çalıştı.

Yıllar içinde öncüsü olduğu alanda, büyük başarılar gerçekleştirdi. Birbirini takip eden 10 yıllar sonunda, artık öğrenen bir çırak değil, öğreten bir ustaydı!

Kendi şirketinin yanında, üniversitede öğretim görevlisiydi.

Başardıkları hem kadını sınırlandıran topluma hem de babasına yumuşak ama güçlü bir cevaptı

Mesleğinin ilk yılında babasına gönderdiği mektupta yazdığı bir cümle, tabuları yıkan, başaran, mutlu ve güçlü olan bir kadının portresini andırıyordu.

"Endişelenme babacım, yanımda hiçbir erkek olmayacak, hepsi karşımda beni dinliyor olacak!"

1995 yılında Uluslararası Kadınlar Derneği'nin ilk *"Müslüman ve Türk"* başkanı oldu. Tecrübelerini kimseden esirgemedi, paylaştı. O bir öncü, Halkla İlişkiler mesleğini Türkiye'ye taşıyan ve bu mesleğin ülkemizdeki tarihine geçen ilk kadın...

Halka ilişkiler Oscar'ını aldı!

Betül Mardin "Halkla İlişkiler Oscarı" olarak bilinen Amerika Halkla İlişkiler Derneği'nin (Puplic Relations Society of America- PRSA) "Halkla İlişkilerde Yaşam Boyu Başarı 2005 Atlas Ödülü"nü de aldı.

Bu büyük ödülden sonra, başarıya ve hayata bakışını şöyle anlatıyordu:

"İnsan hayatta neden geri kaldıysa, sonra onun üzerinde duruyor. Ben yaklaşık altı yaşına kadar konuşamadım. Çünkü solaktım ve bu yüzden çok dayak yedim. İsviçreli bir dadım vardı ve sağ elimi kullanmam için cetvelin dikey kısmıyla vururdu. Çok dayak yediğin zaman beyin psikolojik hasar görürmüş. Bugün bile teknik şeyleri zor öğrenirim.

Yengem bu olayı görüp annemi uyarmasına rağmen bir şey yapmadılar. Çünkü dadım giderse çaylara, kahvelere gidememekten korkuyorlardı. (Lüküs Hayat'ın şarkısını söylüyor...) Lüküs Hayat'ın yazarları bizim evimizden çıkmazdı. Herhalde bizimkileri görüp öyle yazdılar bu oyunu.

Bu olanlar için hiç kızgın değilim. İnanıyorum ki bana yapılanlar karşısında çaba gösterip her şeyin üstüne çıktığım için bugün bu noktadayım."

"Ben bir yemin ettim. Bir daha benimle hiç kimse dalga geçemeyecek. Bir gün, hiç kimsenin olmadığı bir yerde olacağım"

"Ben ortanca çocuktum. Yani dışlanmaya müsait çocuk. Bir de ölen ablam çok güzeldi. 13 yaşında olmasına rağmen bir dergi onun fotoğraflarını çekmek için eve gelmişti. Ben de o sırada 10 yaşındayım ve yaptığım tek şey okumak ve yazmak.

Eve gelenler bana dönüp, 'Ablan güzel, sen değilsin. Onun için kıskanıyorsun,' dedi. O sinirle koşarak evden çıktım, arkamdan da teyzemin kızı gelip üzülmememi söyledi. Ona dedim ki, 'Ben az önce bir yemin ettim. Bir daha benimle hiç kimse dalga geçemeyecek. Bir gün, hiç kimsenin olmadığı bir yerde olacağım.'

Bu ne hırstır, değil mi? Hakikaten çocuklara çok dikkat etmek lazım, bunlar çocukları çok kırıyor. Çok çalışkan, çok okuyan ve çok soru soran bir çocuk oldum. 18 yaşına geldiğimde ukala bir insan olup çıktım."

"Paramız yok ama daha ölmedik"

"Tabii çeşitli yasaklar vardı. 'Üniversitede okuyamazsın, çalışamazsın, soyadımızı kullanamazsın' gibi. Ben de 22 yaşına gelip evlenene kadar çeşitli kurslara gittim. Ama Mısır'daki arazilerimiz elden gidince birden çalışmamda sakınca olmadı.

Ne iş yapacağımı düşünürken Tercüman Gazetesi'nin sahiplerinden Semih Tuğrul Bey'i tanıyan bir akrabam bir görüşme ayar-

ladı. Bu görüşmeye giderken siyah bir elbise giydim. Taşlı bir broş ile parmağıma taşlı, büyük bir yüzük taktım. Karşımdaki adamlara diyorum ki: 'Paramız yok ama daha ölmedik!'

Adam bana, 'İş arıyormuşsunuz,' dedi. Ben de, 'Evet,' dedim. Eliyle broşumu ve yüzüğümü göstererek, 'Siz,' dedi. Herhalde beni kokoloş biri zannetti. Garcia Lorca'nın İspanyolca şiirini okudu, ben de aynı anda Melih Cevdet'in çevirisini okudum. Ertesi gün işe başlamamı söyledi. 2,5-3 sene sayfa editörü olarak çalıştım. Hafta sonları da çizgi romanların çevirilerini yapıyordum.

Önce lise mezunu olarak bir işe yaramanın sevincini yaşadım

"En başta lise mezunu olarak bir işe yarama sevincini yaşadım. Arkasından da iyi para kazanmak geldi. Gazetenin künyesinde adımın çıkması ise beni iyice motive etti. Ancak eşim evde boş kaldığı için ayrılık kaçınılmaz oldu. Başarılı kadınların evliliklerini yürütmesi çok zor. Çünkü eğer erkek dengede güçsüz tarafsa, sürtüşme başlıyor.

37 yaşında boşandıktan sonra TRT'nin bir sınavına girerek Londra'da bir yıl okudum. Sonra TRT'de radyoculuk ve İstanbul'da televizyonculuk yaptım. 39 yaşında halkla ilişkilerci ve Betûl Mardin oldum. Hayat yeniden başladı."

Başarı metodum: Düşündüm, uyudum ve not aldım

"Bir işle ilgili sıkıntın varsa sabahtan akşam uyuyuncaya kadar düşüneceksin. Uyumadan önce de yatağının kenarına bir kâğıt kalem koyacaksın. Sabaha karşı her şey ortaya dökülür. Mesele o an uyanıp, onu yazabilmek. Çünkü tekrar uyursan gidiyor. Rolling Stones bile en güzel şarkıları sabaha doğru yapmış.

Mesela ben son olarak Uluslararası Halkla İlişkiler Derneği'nin (IPRA) ülkemizde yapılan 50. yıl kongresini bu şekilde hazırladım.

Düşündüm, uyudum ve not aldım. Ertesi gün her şey hazırdı. Şirkettekiler inanamadı. Ama sadece düşünmek yetmez, bu konuda okuyacaksınız da."

Ona göre başarının sırrı, şu "acı" gerçeği bilmekten geçiyor: *"Güçlükler başarının değerini artıran süslerdir.*[2]

İnandığı ve savunabileceği konularda yılmamak, hayatın ürettiği engellerin her birinden ayrı bir ders almak, kendine güvenerek başarıya yürümek, Betül Mardin bu demek.[3]

Siz kendi hayatınızın neresindesiniz?

Peki ya siz? Siz kendi hayatınızın neresindesiniz?

Kendini kurban görenlerden mi, yoksa mücadele edenlerden misiniz?

İstemediğiniz bir hayata karşı nasıl bir hamle yapabilirsiniz? "Böyle gelmiş böyle gider" demekten başka ne yapabilirsiniz?

Şu an yaşadığınız hayatın ne kadarı size ait? Koca bir ömrü aktif bir şekilde üreterek mi yoksa pasif kalıp sömürülerek mi geçireceksiniz?

Silkeleyin umudunuzun tozlarını, "imkansız" sizin cesaret edebildiğiniz kadardır. Yükseltin moralinizin debisini, cesaretinizi çıkartın korkunun kafesinden, akın hayallerinizin kaynağından başarıya doğru...

---

1 Anonim

2 Moliere'e ait

3 Gönül Bakay'ın "Başarı Öyküleri" kitabı ile Mardin'in kitap ve röportajlarından yararlanılarak hazırlanmıştır.

Yazan: Görkem Özkan

İNSAN İSTERSE, KÜÇÜK ESNAF ÇOCUĞU OLARAK DOĞUP ÜLKENİN EN BÜYÜK SANAYİCİSİ OLABİLİR

Fakir bir ailenin çocuğu olarak hayata başladı. Liseyi bile bitiremedi ama hayat üniversitesinden başarıyla mezun oldu. "BaşarıSA"nın kurucusu Sakıp Sabancı'nın çalışma azmi nasıl hedefine ulaştı?

Öldüğünde 3.2 milyar dolarlık servetiyle Türkiye'nin en zengin adamlarından biriydi. Forbes Dergisi'nin '2003 yılı dünyanın en zengin 500 kişisi listesi'nde ise 147. sırada yer alıyordu. Dünyanın 4 kıtasına yayılmış yatırımları, 60'ı aşkın şirketi ve 40 bin çalışanı olan dev bir topluluğun başındaydı. Kurduğu vakfın açtığı okul, hastane, kütüphane, kültür merkezi gibi kurumların sayısı yüzlerle ifade ediliyordu.

Peki bu muazzam başarı öyküsü nerede ve nasıl başladı dersiniz?

Sıfırın altından gelen bir "ağa"

Her şey Anadolu'nun kaderine terk edilmiş bir köyünde başladı.

Türk sanayinin 'Sakıp Ağası', çiftçi bir ailenin 6 çocuğundan biri olarak dünyaya geldi. Bakmayın ona "ağa" yakıştırması yapıldığına. O hayata birkaç sıfır yenik başlayanlardandı. Çünkü ailesinde ne ağa vardı, ne de ailenin uçsuz bucaksız toprakları.

Tek sermayesi fakirlikti. Tasarrufu da, çalışma aşkını da ona çabucak kavratan bir fakirlik... Başarılı bir öğrenci değildi. Liseyi yarım bıraktı. Çünkü onun hayat üniversitesinden alnının teriyle mezun olmak için acelesi vardı.

Hiç üniversiteye gitmedi ama 12 üniversiteden fahri doktora aldı, yetinmedi bir de üniversite kurdu!

Sakıp Sabancı'nın üniversitelerde ders olarak okutulması gereken hayatı Kurtuluş Savaşı sonrasındaki yıllara dayanıyor.

Kayseri genleriyle hayata geldi

Yıl 1933. Kurtuluş Savaşı'ndan yeni çıkmış olan genç Türkiye Cumhuriyeti, 1930 dünya buhranı sonrasında, bir yandan toplu iğne için bile dışa bağımlı olmaktan kurtulmanın, bir yandan kendi sanayicisini yaratmanın yollarını arıyordu. Sanayici olmadığı için, yatırımları devlet yapıyordu.

Sakıp Sabancı, o günlerde Kayseri'nin Akçakaya Köyü'nde dünyaya geldi. Hacı Ömer ve Sadıka Sabancı çiftinin, 6 erkek çocuğundan ikincisiydi. Kayseri'nin çiftçilikle geçimini sağlayan fakir ailelerinden biri olan Sabancılar, insan emeğiyle tarla sürmekte kullanılan karasabanların ağaç bölümlerini yaptıkları için 'Zabancılar' olarak biliniyorlardı.

Çiftçilikle tencerenin kaynamayacağını gören Hacı Ömer Sabancı, babasının ölümünün ardından onun yerini alan amcasıyla birlikte genç yaşında gurbete çıktı. Uçsuz bucaksız pamuk tarlalarının uzandığı Adana'da, mahcup bir Anadolu delikanlısı olarak hayatta kalma mücadelesine girişti.

İlk işi pamuk atölyelerinde hamallıktı. Ama onun bir ömür boyu hayatın hamallığını yapmaya niyeti yoktu! Okuma yazması yoktu ama daha önemli bir şeye sahipti; para kazanma hırsı ve girişimcilik ruhu.

Eğitimi düşüktü ama ticari zekası yüksekti

Gününü gün etmek yerine yarınlar için birikim yapmayı tercih eden Hacı Ömer, kazandığı her kuruşu dikkatlice harcıyordu. Ticari zekası keskindi, hamallıkta deneyim kazandıktan sonra bu işi 'götürü usulü' aldı. Kendi tuttuğu adamlara pamuk balyası yaptırmaya başlayınca da 'ağa' lakabı takıldı.

Çalışkanlığıyla yanında çalıştığı pamuk tüccarının dikkatini çekmesi de zor olmadı. Ödül olarak aldığı bir sarı altın lirayla ilk yatırımını yaptı. Hayalini kurduğu pamuk kantarını satın aldı!

Böylece ilk çırçır fabrikası, ilk iplik fabrikası, ilk yağ fabrikası derken günden güne büyüyecek olan Sabancı efsanesinin temeli de atılmış oldu.

Dört odalı kerpiç eve on beş kişi sığmıştı

Hacı Ömer Sabancı, Adana'da düzenini kurup bir ev tuttuktan sonra eşi ve çocuklarını yanına aldı. Dört göz kerpiç bir evde 15 nüfus yaşıyordu. Köşklerde yaşamaya daha uzun yıllar olduğu için kerpiç evde tasarruf altın kuraldı.

Hacı Ömer, yavaş yavaş işlerini büyütse de yer sofrasına hep tek kap yemek gelecekti. 1942 yılında daha büyük bir eve taşınan aile yer sofrasından masa düzenine geçti. Böylece geleneklerinden kopmadan şehir kültürüne kapılarını da açmış oldular.

Çocuk Sakıp, bir yandan okuyor, bir yandan çalışıyordu

Babasının ticarette iyice piştiği günlerde Sakıp Sabancı, ilkokula başladı. Top oynamaya düşkündü. Derslerle arası fazla iyi değildi. İlk ve ortaokulda parlak notları yoktu.

Çalışma delisi olan baba, oğullarını da çalışma hayatıyla erken yaşta tanıştırdı. Ortaokul yıllarında Sakıp, sabah ezanıyla birlikte babasıyla pamuk kantarının başına geçiyordu. İşler bittikten sonra da okula gidiyordu.

Lisede hayatının akışını etkileyecek bir gelişme meydana geldi. Yaşam dolu bir genç olan Sakıp, zatürreye yakalandı. Üç yıl üst üste tekrarlayan zatürre nedeniyle okula gidemedi. Bir türlü hastalığı yenemediği için evde adı 'Uluk Sakıp'a çıktı!

Genç Sakıp, hayatının akışını değiştirecek kararı da bugünlerde verdi. Kendinden küçüklerle aynı sıralarda oturmaktansa babasına yardım edip hayat mücadelesine atılmayı tercih etti. Bu adımla çocukluk hayali olan doktorluğa da veda etmiş oldu.

İşe birkaç kez geç kalınca amirleri onu babasına şikayet etti

Pamuk ticaretinde birbiri ardına yatırımlar yapan babası Hacı Ömer, iş adamı arkadaşlarıyla birlikte Akbank'ı kurmuştu. Adana merkezli olan Akbank, Sabancı'nın profesyonel anlamda ilk iş yeriydi. 15 yaşında Akbank'a giren Sakıp, iki yılda paraya dair pek çok şey öğrenecekti.

Stajyer memur olarak işe başladığında maaşı 25 kuruştu. Babasının kurucusu olduğu bankada çalışmak ise hiç kolay değildi. Birkaç işe kez beş dakika geç kalınca amirleri onu babasına şikâyet etti!

İş hayatında ilk ciddi dersini de böylece aldı. Daha sonraki yıllarda, "Benim patronum randevu defterimdir," diyecek olan Sabancı, şaşmaz dakikliğini Akbank yıllarında kazandı.

Ajanda kullanarak kariyerini organize etti

İki yıl Akbank'ta piştikten sonra aile şirketi olan Bossa Un Fabrikası'na geçti. Burada da görevi veznedarlıktı. Bossa Tekstil Fabrikası'nın müdür yardımcılığını yaptığı yıllarda ise ortaklarından Sinan Bosna'nın, insan ayrımı yapmadan herkese aynı mesafede olması hayat felsefesinin şekillenmesinde etkili oldu.

Babasından çalışma azminin yanında, bir şey daha öğrenmişti, günlük olayları yanında taşıdığı küçük bir deftere not ederek karışıklıkların önüne geçebiliyordu. Böylece bir patron gibi organize düşünebiliyordu.

1950'li yıllarda iktidara gelen Adnan Menderes'in, "her mahallede bir milyoner yaratma" olarak özetlenen ekonomi politikası da önlerini açtığı için, aile pamuk ve ona bağlı alanlarda büyümeye ve yatırımlarına hızla devam etti.

Bossa Un ve ardından gelen tekstil fabrikası gün gelip tüm dünyaya yayılacak olan SA markasının da doğuşudur. Burada başlayan SA uzantılı fabrika isimleri ilerleyen yıllarda Sakıp Sabancı tarafından marka olarak tescil ettirilecekti.

Yurtdışından iş görgüsü edinmeye önem veriyordu

İlk gençlik yıllarında motosiklet düşkünü olan Sabancı, ilk arabasını 1955 yılında aldı. İkinci el spor arabasıyla kızlara hava atan Sabancı o günlerde ne lastik ne de otomobil fabrikası kurmayı düşünüyordu. Abisinin ticarete yatkın olmaması nedeniyle babasından sonra işlerin ikinci sorumlusu konumunda olan Sakıp Sabancı'nın en önemli avantajlarından biri de geniş vizyonuydu.

Lise eğitimini yarım bırakan Sabancı, daha o yıllarda yabancı dil bilmenin önemini kavramıştı. Adana İncirlik Üssü'nde görevli bir Amerikan askerinden İngilizce öğrenen Sabancı'nın yurtdışına turist gibi gidip gelmeye niyeti yoktu. O yurtdışına her gidişinde görgüsünü ve bilgisini artırmayı kendisine ilke edinmişti.

Bu arada yıllar sonra, Amerikalı askerle olan aşkının biraz da İngilizce öğrenmek için olduğunu itiraf edecekti!

O azimle başarı peşinde koşarken, acılar ve talihsizlikler de onun peşinden koşuyordu

Geleneklerine bağlı bir aile olan Sabancılar'da, aile meclisinin kararıyla Sakıp Sabancı teyzesinin kızı Türkan ile evlendirildi.

Bu evlilikten yedi yıl sonra dünyaya gelen ilk çocuğuna çiftin çocuk özlemini gösteren Dilek adı verildi. Dilek'in özürlü olduğu ortaya çıkınca Sabancılar, akraba evliliğinin acı sonuçlarıyla tanıştı. Yapılan tedavilerle Dilek, yürümeyi öğrenecekti ama Sabancı'yı ikinci bir acı bekliyordu.

Zor zamanlarında kişisel gelişim kitaplarına sığındı

İlk çocuğunu kucağına almasına doya doya sevinemeyen Sabancı, üç ay sonra babasını kaybetti. Hacı Ömer Sabancı'nın 1964 yılında vefat etmesiyle ailenin babası olmak da Sakıp Sabancı'ya kaldı.

İlk çocuğu özürlü doğmuş, peşinden babasını kaybetmişti. Ama o ne kadere isyan etti, ne de üzüntüye kendini bıraktı. Çocukluk yıllarında Dale Carnegei'nin, 'Üzüntüyü Bırak Yaşamaya Bak' kitabını okumuştu. Bu zor günlerinde yine öyle yaptı. Üzülmeyi bırakıp yaşamaya baktı. Acıları büyüdükçe çalışma aşkı da, yaşama aşkı da büyüdü.

Acılara teslim olmak yerine çalışmaya yöneldi

Sakıp ve Türkan Sabancı çiftinin ikinci çocukları erkekti. Ama onları yeni bir sınav bekliyordu. Metin adı verilen bu çocuğun zihinsel özürlü olduğunun anlaşılmasıyla çift ikinci kez yıkıldı. Spastik özürlü oğlunun tedavisi için çalmadık kapı bırakmayan Sabancı, hayatının en zor günlerini yaşadı.

Başarıdan başarıya koşuyordu ama oğlu için hiçbir şey yapamıyordu. Ama o, on yıl süren bu çaresizlikten de çare yaratacaktı. Doğası gereği hayata pozitif bakan Sabancı, oğlunun acısı yüreğini dağlarken başka yürekler dağlanmasın diye spastik çocuklara yönelik tedavi ve rehabilitasyon merkezleri açtı. Üçüncü çocukları sağlıklı olarak dünyaya gelen Sabancı çifti, başka çocuklara umut olmanın gücüyle acılarını içlerine gömmeyi başardılar.

Adana liginden İstanbul ligine atlamanın zamanı gelmişti

Sakıp Sabancı, babasından Türk sanayileşmesinin ilk hamlelerine katkı sunan bir aile şirketi devralmıştı. Büyüyen bu şirketin önünde artık iki önemli adım vardı: Kurumsallaşmak ve Adana'dan çıkıp ticaretin başkenti İstanbul'a taşınmak.

O güne kadar aile meclisinin aldığı kararlarla yönetilen şirketin kurumsallaşması için profesyonel yöneticilerden destek alındı. İşin uzmanlarıyla çalışmayı prensip haline getiren, yurtdışı gezilerinde benzer şirketleri inceleyen Sabancı, kritik dönemeçte de doğru kararı vererek holdingleşme için düğmeye bastı.

Ama holding kurulmadan önce Sabancı kardeşlerinin ilk iş başarılarına imza atmaları, yani kendi kanatlarıyla uçmaları gerekiyordu. Sabancı kardeşlerin iş yaşamındaki ilk başarıları Sasa'yı kurmak olacaktı.

İlk büyük sanayi başarısında, gözyaşlarını tutamadı

Yurtdışından binbir güçlükle gerekli makineler alınarak kurulan bu kimya fabrikasının Sabancı'nın hayatında önemli bir yeri vardı.

Sabancı, o günleri otobiyografisinde şöyle anlatacaktı: *"Sasa'da ilk işleyen makine, kazan dairesidir. Kazan dairesi horul horul çalışmaya başlayınca, ben kendimi tutamadım. Tuvalete kapandım, dakikalarca sevinç gözyaşı döktüm."*

Peki Sasa, neden bu kadar önemliydi?

Sasa, Türkiye'nin ilk kimya yatırımlarından biriydi. Ama Sabancı için onun asıl önemi baba mirasına sahip çıkacağını göstermiş olmasıydı. Babasının ölümünün ardından Sabancı şirketlerinin ayakta kalıp kalmayacağı herkes için merak konusuydu. Üstelik Sabancılar'ın, sanayiciliğe birlikte soyundukları Adana'nın önde gelen ailelerinin çocukları baba mirasını har vurup harman savurmuştu.

Arkadaşlarının hatalarını göz önünde bulunduran Sabancı, kardeşler arasında birliğin bozulmamasına büyük önem gösterdi. Kendi ayakları üzerinde durmayı ve emin adımlarla ilerlemeyi babalarından öğrenen Sabancı kardeşler, Sasa ile kendi kanatlarıyla uçmaya başladılar.

Başarısı şans işi miydi, yoksa çabaya mı bağlıydı?

Sanayicilikte bu kadar başarılı olmasını Hacı Ömer Sabancı'nın oğlu olmasına bağlayan Sakıp Sabancı, *"Mutlaka hayatta 'şans-kader-kısmet' diye, bizim kontrol edemediğimiz birtakım güçler, olaylar mevcut. Fakat bütün gelişmeleri 'kaderci bir çizgi' içinde ele almaya, olan ve olmayan her şeyi 'şans'a, 'kısmet'e bağlamaya imkan yoktur. Benim kaderim Hacı Ömer Ağa'nın oğlu olarak dünyaya gelmekmiş. Bu benim şansımdı. Bu yönden kısmetliydim. Bütün bunlar benim kontrolüm dışında olmuştur. Fakat aynı şekilde varlıklı bir aileden, başarılı bir babadan doğan, fakat sonra sadece mevcudu tüketmekle kalanları 'Kaderi kısmeti bu kadarmış, şansı yokmuş' diyerek mazur görebilir miyiz?"* diyerek fırsatları değerlendirme becerisine de dikkat çekiyor.

Fırsatların ancak onları kullanmaya hazır kişilerin işine yarayacağına inanan Sabancı'ya göre dikkatli, hevesli, çalışkan, sabırlı ve bir amacı olan insan, tesadüfleri değerlendirebilir, fırsatları yakalar ve şansı kaçırmaz.

"İstanbul adamı yer" diye uyarılmıştı ama karşısına ilginç bir isim çıktı!

1970 yılında Hacı Ömer Sabancı Holding kuruldu. Adana merkezli bu holding, çok sağlam ve güçlüydü. Ama büyük paranın kalbi İstanbul'da atıyordu.

İstanbul'a taşınmaları durumunda köklerinden kopacakları için ayakta kalamama kaygısı vardı Sabancılar'da. Yakın çevrelerindekiler de Sabancılar'ı, "İstanbul'un adamı yutacağı" konusunda uyarıyordu. Kötü örnekler birbiri ardına sıralanıyordu.

Bu ikileme son veren isim ise ilerleyen yıllarda Başbakan ve Cumhurbaşkanlığı yapacak olan Turgut Özal'dı. Sabancı Holding'in tepesine getirilen Özal, Sakıp Sabancı'yı İstanbul'a taşınma konusunda ikna ederek yeni dönemin kapısını açtı.

İstanbul'a taşınmakla kurumsallaşma sürecinde önemli adımlar atan Sabancı Holding, Koç Holding'ten sonra Türkiye'nin ikinci büyük şirketler topluluğu olma yolunda hızla ilerliyordu.

Babasının ortaklık kurarak yatırım yapma modelini örnek aldı

Babasının ortaklık mantığıyla sanayi yatırımı yapması Sakıp Sabancı'yı da etkilemişti. Babasının kârı yatırıma dönüştürmek üzere yüzde 50 ortaklı fabrikalar kurma modelini örnek alan Sabancı, 1980'li yıllarla birlikte ortaklık için dünya devlerinin kapılarını çalmaya başladı.

Kordsa, Lassa, Brisa, Carrefoursa, Teksa, Toyotasa, Beksa bu girişimlerin sonucu olarak birbiri ardına kuruldu. Türk sanayisinin dışa bağımlı olmaktan kurtulmasının öncülerinden olan Sabancılar, 2000'li yıllarda bir adım daha ileri giderek yurtdışında Türk sermayesiyle fabrika kurmanın öncüsü oldu.

Bugün Sabancı Topluluğu bünyesinde bankacılıktan çimentoya, gıdadan otomobile, tekstilden otomobil lastiğine her biri kendi alanında dev olan onlarca kurum bulunuyor.

Büyüme, bazı belalarıyla beraber geldi

Sabancı Holding emin adımlarla büyürken Sakıp Sabancı, üç kardeşini kaybetmenin acısını yaşadı. Abisi İhsan ve kardeşi Hacı'yı kaybeden Sabancı'yı, yıllar sonra daha büyük bir acı bekliyordu.

Sabancı Center'da gerçekleşen terör saldırısında kardeşi Özdemir vurularak öldürüldü. Bu büyük acıyı da yaşama bağlığıyla atlatan Sabancı, her şeye rağmen gülümsemeye ve çevresine çalışma azmi aşılamaya devam etti.

Sadece kazanırken değil, harcarken de büyüktü

Sabancı ailesinde tasarruf adeta genetikti. Hacı Ömer Sabancı'nın zaman zaman cimriliğe varan tasarrufçuluğu çevresi tarafından sık sık eleştiri konusu yapılırdı.

"Babamın ayakkabısını boyattığını hatırlamıyorum. Pantolonu hep ütüsüzdü. Sırtında aynı paltoyu yıllarca taşıdı. Hayatında kravat takmadı," diyen Sabancı'ya göre tasarruf, yani "parasının hesabını bilmek" ile cimrilik farklı şeylerdi.

Modası geçmiş kıyafetlerini düzelttirip giyen, yurtdışındaki ünlü mağazalarda bile pazarlık yapan Sabancı, Boğaz'a nazır Atlı Köşk'ü müze yapılmak üzere bağışlarken sadece ceketini alıp ayrılmayı da bilmişti.

Hayırseverliği de babasından öğrenen Sabancı, 1974 yılında aile adına Hacı Ömer Sabancı Vakfı'nı kurdu. Kısa adı VAKSA olan bu vakıf Türkiye'nin 55 yerleşim merkezinde 110'u aşkın kalıcı eğitim, sağlık ve kültür tesisi kurdu.

"Terazide sevap kesesi ağır basıyorsa, ne mutlu bana," diyen Sabancı, hayırseverliğinin yanı sıra Türkiye'nin gönüllü kültür elçiliğini de üstlendi. Ciddi bir servet dökerek oluşturduğu Altın Harfler Tezhip Koleksiyonu'nu, Türk kültürünü tanıtmak için ülke ülke gezdirdi.

New York Metropolitan ile Louvre Müzesi'nde ilk Türk sergisinin açılmasında da onun imzası vardı. İş adamı olarak elde ettiği itibarı ülkesinin tanıtımı için kullanan Sabancı, mütevazi kişiliği, kendine has hitabeti ve şakalarıyla da tam bir "halk kahramanı" olarak gönüllerde ayrı bir yer edindi.

12 üniversiteden fahri doktora alan Sabancı'ya, Devlet Üstün Hizmet Madalyası'nın yanı sıra, yabancı devletlerce de çok sayıda şeref nişanı verildi. Liseyi bitiremese de eğitimin önemine canı gönülden inanan biri olarak Sabancı Üniversitesi'nin kurulmasıyla öncü rolünü eğitim alanında da sürdürdü.

Başarmak onun için para kazanmaktan daha önemliydi. Hayatta doymadığı tek şey çalışmaktı

Sakıp Sabancı, hayatta doymadığı tek şeyin 'çalışmak, çalışmak ve çalışmak' olduğunu sık sık dile getirdi. Kendisine sadece para peşinde koşan bir iş adamı gözüyle bakılmasını kabul etmeyen Sabancı için bir işi başarmak para kazanmaktan çok daha önemliydi.

Bir makine gibi durmaksızın çalışan Sabancı, vücudu ilk yorgunluk sinyallerini verdiğinde de doktorlarını dinlemeyecekti. Kalbinin teklemesinin ardından daha az çalışması istenen Sabancı, bu yasağa uymakta zorlandı.

Uyamamasını da, *"Söz konusu çalışma olunca fren tutmuyor,"* şeklinde açıklayacaktı. *"Yeniden dünyaya gelsem yine sanayici olurdum,"* diyecek kadar işine bağlı olan Sabancı, 10 Nisan 2004'te böbrek ve karaciğer yetmezliğinden hayatını kaybetti.

Beyninin makine gibi "gır gır çalıştığını" söyleyen Sabancı, hep zamanın tüm hayallerini gerçekleştirmeye yetmemesinden şikayet etti.

Başardıklarının başaramadıkları yanında az olduğunu düşünen Sabancı'nın hastanede ölmeden önce yaptığı son şey neydi dersiniz? CEO'sunu çağırıp şirketlerin durumu hakkında bilgi istemek...

O yapabildikleri ve fikirleriyle bir "BaşarıSA" ikonu oldu!

71 yaşına girdikten birkaç gün sonra hayatını kaybeden Sabancı'nın hayat düsturları arasında şu söz de bulunuyordu: *"Eğer tenkit edilmek istemiyorsan hiçbir şey yapma, hiçbir şey konuşma, hiçbir şey olma..."*

Anadolu'nun karamsarlık kokan topraklarında doğup büyümesine rağmen karamsarlıktan uzak duran Sabancı, aile bireylerine bir servet, Türk ulusuna da çalışkanlık ve mücadele azmini miras bıraktı.

Yoğun iş temposunda 14 kitap yazacak zamanı bulan Sabancı, başarı tecrübelerini aktarma konusunda da oldukça bonkör davrandı. Bir başarı ustası gibi, bildiği her şeyi yazarak paylaştı.

Dale Carnegie'nin kişisel gelişim kitaplarından okuduklarını, hayatında kat be kat çoğaltarak, sadece parayı değil, bilgiyi de büyütebildiğini gösteriyordu.

Sakıp Sabancı'dan başarı ve hayat dersleri:

- *Sağlıklı olun.* Hayatta her şeyin başı sağlıktır; ancak vücut ve ruh sağlığı tam olan insan hayat yarışına girebilir.
- *Manevi güce inanın.* İnsanın hayattan zevk alabilmesi, dünya nimetlerini anlayabilmesi ve çalışma azmine sahip olarak yaşayabilmesi için "bir şeylere inanması" şarttır. Biz Türkler için din, aile bağı, atalarımızdan gelen örf ve adetler çok önemlidir. Bunlara sahip çıkın.
- *Birlik konusuna önem verin.* Atalarımız, "Bir elin nesi var, iki elin sesi var" demişler. Aile birliği çok önemlidir. Çok ortaklı kuruluşlarda ortaklığa katılanların birlikteliklerini sürdürmesi çok önemli. Kademe kademe birliği korumaya özen gösterin. Birliğin esası aile içinde başlar. Düzenli yaşamı olan, aile fikrinin önemine inanan kişiler birlik ruhunu sürdürür.
- *Bilgili olun, lisan öğrenin.* Önce iyi eğitim görün. Fakat eğitiminizi tamamladıktan sonra hayat boyu konunuzdaki gelişmeleri izleyin. Hedefiniz, dünyada sizin yaşınızdakilerin, sizin konunuzda çalışanların bilgi dü-

zeyine ulaşmak olmalıdır. Yoksa, "güreş meydanına rakiplerinizle eşit şartlarda çıkma" şansınız olmaz.

- *Hedefi iyi belirleyin.* Sonra o hedefe ulaşmak için gerekeni yapın. Bir sabah evden yola çıktığınızda nereye gideceğinizi bilmiyorsanız, akşama kadar dolaşıp eve geri dönersiniz. Ama bir yere gitmeye kararlıysanız, adresi bilmeseniz de sora sora hedefe varırsınız.
- *İşinize sahip çıkın.* Hangi işi yapıyorsanız yapın, o işte en iyi olmaya çalışın. İşin büyüklüğü, küçüklüğü yoktur. *"İşin en iyisi ve diğerleri" vardır. Yaptığınız işi "kıyısından, köşesinden, parmağınızın ucuyla" tutmayın. Bütün varlığınızla, bütün gücünüzle o işe sahip çıkın.*
- *En iyi bilenle işbirliği yapın.* Hangi işi yapacaksanız, o işi en iyi bilenle işbirliği yapın. Bu işbirliği kademe kademe olur. En iyi ustanın yanında çırak olursunuz, en iyi ustayı istihdam edersiniz veya o işi en iyi bilenle ortak olursunuz.
- *Çalışanlara güven verin.* Size nasıl davranılmasını istiyorsanız başkalarına da öyle davranın. *Güç karşısında haysiyetinizi koruyun. Güçsüzleri himaye edin. Hizmetin kadrini bilin.* İnsanlardan yararlandıktan sonra, onlara sırt çevirmeyin. Ancak böyle davranırsanız, beraber çalıştığınız insanlar size güvenir.
- *Kurumlaşın. "Duvara dayanma yıkılır, adama güvenme ölür..."* Hiçbir iş, bir insana bağlı kalmamalıdır. İnsan fanidir. Eserin, işlerin ve başarıların devamı için müesseseleşme, kurumlaşma şarttır. Bir işin yürümesi bir kişiye bağlı ise, o işin devamlılığı olamaz. O konuda sürekli başarı sağlanamaz. Başarının saman alevi gibi parlayıp sönmesi doğaldır.
- *Tasarruf yatırım demektir.* Tasarruf, yatırıma eşittir. Yatırım demek üretim demek, istihdam demektir. Hede-

fimiz daha bol, daha sağlıklı üretimdir; bunların hareket noktası ise tasarruftur.

- *Devletten uzak durun.* Her kişinin politik görüşü farklıdır. Belli bir partiye sempati duyabilirsiniz. Ama başarı arayan kişi politik tercihini işine yansıtmaz. Politikaya endeksli bir iş, bir yere kadar başarılı gibi görünse de bu başarı kalıcı olmaz. Devlete mal satmaya, devlete iş yapmaya dönük tezgâh ömür boyu işlemez.
- *Başarıyı paylaşmayı bilin.* Başarıyı, buna ulaşırken birlikte yol aldıklarınızla, ailenizle, çevrenizle ve toplumla paylaşmayı bilin. Başarının ürünü olan parada sizin kadar sizinle birlikte yol alanların da payı olduğunu unutmayın.
- *Vergiyi unutmayın.* Başarının ürünü paradan, devlete düşeni kuruşu kuruşuna ödeyin. Ayrıca toplumun gelişmesi, sosyal dengesizliklerin törpülenmesi için de para ayırın.
- *Kefenin cebi yok.* Her şeyin çaresi var. Ölümün çaresi yok. Hayat bir gün noktalanacak. *Hiç ölmeyecekmiş gibi çalışır, yarın ölecekmiş gibi hazırlık yaparsanız hırsınızı da törpülemiş olursunuz ve insanları kırmazsınız. Paranın ötesinde değerler olduğunu görün.* Kefenin cebi olmadığını unutmamak hırsı törpülemek için çok önemli bir noktadır.
- *Karşınızdakilerin "insan" olduğunu hiçbir zaman unutmayın!* İnsanların birer "makina" olmadıklarını bilin. "Vicdan huzuru" başarılı olabilmenin temel şartıdır.
- *Ayaklarınız her zaman yere bassın.* Hiçbir zaman havalarda dolaşmayın. Kendinizi kimseden üstün görmeyin.
- *Karınıza ve çocuklarınıza vakit ayırın.* Ne kadar yoğun programınız olursa olsun, karınıza ve çocuklarınıza zaman ayırmalısınız. Bu bir zorunluluk değil bir zevktir.

- *Adınızı temiz tutmaya özen gösterin.* Başarı bir bütündür. İsminizi temiz tutun ki, başarı isminizi taçlandırsın.
- *İşbirliği yapacağınız insanları, birlikte çalışacağınız kişileri ve ortaklarınızı seçerken dikkatli olun.* Arkadaşlıklarınızı ve dostluklarınızı iyi kurun.
- *Fikirlerinizden ve değer yargılarınızdan fedakârlık etmeyin.* Etmeyin ki önce aileniz ve yanınızda çalışanlar, sonra iş yaptıklarınız ve çevreniz size güvensin.

Yazan: Azime Telli

İNSAN İSTERSE, MÜŞTERİ TEMSİLCİLİĞİNDEN "MARKA" BİR MÜZİSYENE DÖNÜŞEBİLİR

Muda mağazalarında tezgâhtarlık yapıyordu ama en büyük hayali müzisyen olmaktı. Starlık düşleri olan bir müşteri temsilcisiydi. Yaşamak istediği hayat ile yaşadığı hayat arasındaki farktan doğan baskıyı her gün hissediyordu. Bir şeyler yapmalıydı... Hedefi netti ama önündeki engeller de yüksekti.

Konservatuar mezunu değildi. Herhangi bir müzik aleti çalmayı bilmiyordu. Evliydi ve bir çocuğu vardı. Aylarca Sezen Aksu'ya ulaşmayı denemiş ama ciddiye alınmamış, telefonlarına dönen olmamıştı. Sezen'e ulaşmasını sağlayacak bir tanıdığı da yoktu.

Bir yol bulmalıydı. Bulamazsa bir yol açmalıydı. İnsan isterse, çok şey yapabilirdi. Yapabilirdi yapmasına ama nereden başlamalıydı?

Aklında tutkuyla istediği bir hedefi, önünde yüksek engelleri olan ve arkadaşlarının alkışladığı sesinden başka bir şeyi olmayan bir kadın ne yapabilirdi?

İşte Hande "Yener"in önündeki engelleri aşma hikâyesi:

"Evliydim, bir tane çocuğum vardı, bir mağazada çalışıyordum, işimi de seviyordum ama, *'Ben bu değilim. Benim müzik yapmam gerekiyor, şarkı söylemeliyim,'* diyordum.

Sosyalleşmemi, kendimi ilerletmemi, insanlarla bire bir diyalog kurabilmemi sağladı tezgâhtarlık. Bir de tabii moda zevkimi ilerlettim. Ve sonra Mudo'dan, Ali Alta Moda'ya geçtim. Çünkü ben hedefleri olan, planlı bir tipim. Ali Alta'ya geçersem daha çok ünlüyle karşılaşabilirim diye düşündüm. Yeni açılmıştı, havalı bir mağazaydı, ünlülerin uğrama ihtimali oldukça yüksekti."

O anda elindekilerle bir plan yaptı ve harekete geçti

"Bu mağazada çalışırsam, 6 aydır sürekli arayıp, 'Hande ben, vokal için arıyorum' diye not bıraktığım ama asla ulaşamadığım kadına, belki ulaşabilirim diye geçirdim aklımdan. Hani aracı olurlar filan. Planım buydu. Uygulamaya geçtim.

Ben şuna inanırım, bir şeyi gerçekten çok istersen, o isteğini evrene atarsın ve o sana geri döner, yani gerçekleşir. Bir şeyi gerçekten çok istersen Coelho'nun Simyacı'sındaki gibi bütün evren yardım eder. Bana da etti. Bir gün dükkâna Hülya Avşar geldi."

Ve, o gün yıldızının parladığı an gelmişti!

"Benim hayalim Sezen Aksu'ya vokalist olmaktı. 6 ay boyunca aradım durdum, nafile, ulaşamıyorum. Mağazadaki kızlar da bana acıyor, sesimi de beğeniyorlar, ne kadar kıvrandığımı da görüyorlar.

Hülya Avşar dükkâna gelince, *'Bizim Hande de çok güzel şarkı söyler,'* demişler. Beni çağırdı. 21 yaşındayım. Yalnızlık Senfonisi'ni söylemeye başladım. O günlerde pek meşhur. Dinledi beni ve, 'Tamam, ben seni arayacağım,' dedi. Gerçekten de ertesi gün sabah 9'da aradı, *'İşin tamam, ara Sezen'i,'* dedi, *'Sana randevu verecek...'*

bizler her şeyi istediğimiz gibi yapabiliyoruz, ben buna inanıyorum. Çünkü *hiç kimse sizin hayalinizi size vermez.* Sizin kendi kendinize bunu oluşturmanız gerekir.

- *Açık olacaksın, yeniliklerden haberdar olacaksın.* Yeni kitapları, yeni müzikleri bileceksin, dünyayı takip edeceksin, kıyafetten, modadan anlayacaksın. *Yıllarca aynı şeyleri yapmak, orkestraya da keyif vermez, seni de tatmin etmez, zaten enerjin düşer, işten soğursun. E, o zaman özünü koruyarak değişeceksin, ilerleyeceksin...*
- Tabii ki hırslıyım. Özellikle de müzik konusunda. *Hırs yoksa, geçmiş olsun, başarılı olamazsın!*
- *Mesele, meşhur olmak, kendinize ün yapmak değil, o ünü sürdürebilmek. Zor olan bu.* Yoksa bir şekilde çıkış yaparsın, ünlü olursun. Ünlü olmaya devam etmek, kendini geliştirmek, hep farklı ve yeni kalabilmek mesele.
- *Tamam, Hande Yener diye biri var, ama ben onu ilk çıktığı günkü gibi korumaktan yana değilim.* Onu büyütmekten yanayım. Daha iyi bir müzik yapması için uğraşıyorum. Yani müziğiyle ilgiliyim, kendisiyle değil. Çünkü beni biri yapan, yaptığım müzik. Bunu hiç unutmuyorum, müziğimi yükseltmeye çalışıyorum.
- *Vokalist ve solistlik dönemimde bazen hayalim olmayacak diye üzülüp kendimi yalnız hissettiğim zamanlar oldu.* Gereksiz yere çok zorlandım, bazı insanları dinledim diye. Halbuki kalbinizi dinlememiz gerekiyor. *Başkalarının sözleri, bazen insanın kalıbına uymuyor.*
- Müziğin okyanus kadar geniş olduğunu ve özgür kalınca şahsıma münhasır şeyler çıkaracağımı düşünerek kurtuldum.
- Önemli olan pratik ve stratejik zekâ. Farkındalığımız arttıkça, zekamız da gelişiyor.

Sezen Aksu karşısında heyecandan, şarkının sözlerini unuttu!

"Hülya Avşar hayatımı değiştiren kadın. O pek kabul etmez, 'Ben ne yaptım canım, sadece randevu aldım,' der ama onun hakkını ödeyemem, gerçekten.

Ve hiç unutmuyorum, 4'te gittim Sezen Aksu'ya. Nasıl heyecanlıyım... Orada da şarkı söyledim tabii. Daha doğrusu söyleyemedim, sözlerini unuttum! Ama aramızda güzel bir elektrik oluştu, beni arayacağını söyledi. 10 gün sonra da aradı.

Ve ben mağazayı bıraktım. Ama kimseyle kötü ayrılmadım. Patronum bile, 'Yolun açık olsun,' dedi, herkes hayallerimin peşinden gitmemi destekliyordu. Birden bire Sezen Aksu'nun vokalisti olmuştum."

"Sezen benden kurtulmak için, bana bir şans verdi!"

"İyi bir evliliğim vardı. Eşim bir şey demiyordu. Beni izliyordu sadece. İki sene boyunca Sezen Aksu'nun hem asistanlığını yaptım hem de vokalisti oldum.

Tabii şöyle bir şey de var, ben 6 aydır onu hemen her gün arıyordum zaten: 'Hande, vokal için.'

O notlar meğer her gün ona gidermiş. Ama tanımadığı için, çeşitli taleplerle arayan herhangi biri olarak değerlendirirmiş. Üstüne bir de Hülya Avşar, 'Ya, böyle bir kız var,' deyince galiba ne kadar istediğimi anladı. Ve benden kurtulmak istedi, şans verdi!"

Ya başarı onu baştan çıkarırsa?

Hande Yener artık Sezen Aksu'nun vokalisti olmuştu. Olmak istediği yerdeydi. Peki bu yeni düzeyde "tutunabilecek" miydi?

Hedeflerini ve önceliklerini koruyarak ilerleyebilecek miydi? Yeni ulaştığı noktada nasıl davranmalıydı? Başarının gerektirdiği şekle girmekte ustalaşan Yener, bunun da formülünü buldu.

"Aklı başında davrandım. Beni hiç tanımıyor, etmiyor, ortamına sokmuş, vokalisti yapmış. Bence büyük bir şıklık. Bu, benim hayat boyu sık sık elime geçecek bir fırsat mı? Değil. Demek ki salakça hatalar yapmamak, kıymetini bilmek lazım.

Mesele şu: *O noktaya gelmek değil, o noktayı taşıyabilmek.* Hem vokalistliğini yaptım hem asistanlığını. Her şeyiyle ilgileniyordum, her türlü şeyine koşturuyordum. Benim için mükemmel oldu, çünkü müzik dünyasındaki hemen herkesi, her şeyi tanımış oldum."

Bir şey olmak istiyorsan, önce çıraklık edeceksin

"Bir şey olmak istiyorsan, çıraklık edeceksin. Sabredeceksin, öğreneceksin. Ben oldum, diye ortalığa atılmayacaksın. Benim hiçbir eğitimim yokken, beni vokale alıyor, sahnesine çıkartıyor. Bana bunu yapan biri için bütün fedakârlıkları yaparım. Bana böyle bir şans vermiş. Tabii ki minnet duyuyorum. Ona asistanlık yapmak da bana çok şey kattı, mesleğin altyapısını öğrendim.

Sezen Aksu da hedefimi biliyordu, 'Sadece vokal seni kesmez' demişti bana, 'İleride albüm isteyeceksin.' Ama ben hiç böyle bir şey istemedim, haddimi bildim, önce pişmem gerekiyordu, o da zaten o dönem Levent Yüksel ve Sertab Erener'in albümleriyle ilgileniyordu. Onlar konservatuvardandı. Biraz utangaçlık iyidir. Ar damarın olmalı bence. Çok çok yırtık olmak da iyi değil."

Başarı ile ilgili neler düşünüyor?

Yıllar sonra, Ayşe Arman onunla "nasıl başardığı" üzerine röportaj yapacaktır. Yukarıda anlattıklarını dinleyen Arman, H de "Yener"in başarısını şöyle değerlendirdi:

"Kuvvetli bir kontrol mekanizması var. Ve disiplinl Önce, hedefi belirliyor. Sonra, hedefe ulaşmak için eşek çalışıyor. Derviş sabrı ve titizliğiyle. Tekkeye eğri odun g memecesine. 6 yıl, albüm yapabilmek için uğraşıyor. Alb lerini yaptıktan sonra da, 'Yalanın Batsın', 'Sen Yoluna Yoluma', 'Küs', 'Şansın Bol Olsun', 'Kırmızı' gibi hit şar rıyla hayatımıza giriyor. "Eller havaya şarkılar" alanınd kı bir yer edindikten ve Hande Yener adıyla marka oldu sonra, şimdi yeni bir tarza doğru yol alıyor."

Hande Yener, "bir şey olmak isteyenlere" önerilerini soran man'a şunları anlattı:

"1- Otuz şeyi birden istemeyeceksin, hedefe kilitlene sin. 2- Söylememe gerek var mı, tabii önce ne istediğini ceksin. 3- Israrcı olacaksın, ne olursa olsun yolundan dör yeceksin. 4- Havaya girip, kendini bir şey zannedip, san rilen şansı tepmeyeceksin, en iyi şekilde değerlendirece Ben mesela, Sezen gibi biriyle 2 sene çalıştım, 10 gün iç bir takım hareketlerimden hoşlanmayıp beni yollayab ama ben o dönemini çok iyi değerlendirdim."

Hande "Yener"in, başarıya ulaşmak üzerine düşünceleri

- Ben de birçok kişi gibi, çocukken saç fırçasıyla karşısında şarkı söylerdim. Hayallerinin bir kıs gerçekleştirmiş biri olarak, 'İyi ki hayal kurmuşun yorum. Ve hayal kurmaya devam ediyorum.
- Bu ülkede doğup büyüyen ve birçok hayali olan ge den biri de bendim. Her şey istediğimiz gibi olmas

- "Oldum ben" deyip kendini ilerletmemek, en tehlikelisi o.
- Bana özgüvenimi veren müziktir. Müzik bilgim arttıkça özgüvenim de artıyor.
- Avrupa'da müzik yapmak beni çok heyecanlandırır. Müzik beni mutlu eden tek şey.
- Atılan her adımda risk var, geriye adım atmak daha tehlikeli.
- Bende cahil cesareti yoktur. Bilinçli olduğum şeylerde cesurumdur.
- Kendimden hep daha fazlasını bekliyorum, daha iyi dans için uğraşıyorum. 4 dakikalık dans gösterisi için 2 ay hazırlanmak gerekiyor. Madonna bir senede bir turneye hazırlanıyor. *En üstün insan bile çalışmadan üstün olamaz.*
- Ben dünyamı yansıtmaya çalışıyorum. Herkes kendi dünyasını yaşamalı, yaşatmalı, başkalarının dünyasını seyredip seyredip sinirlerini bozmamalı.

İNSAN İSTERSE, OKUL HAYATINI YARIDA BIRAKSA DA HAYAT OKULUNDA BÜYÜK İŞLER BAŞARABİLİR!

Babasının küçük atölyesinde çalışan bir çocuk, ilkokuldan sonra okulu bırakıp, 15 yaşında tek başına ticaret yapmaya kalkışırsa neler yapabilir, neler yapamaz? Denizli'nin Babadağ ilçesinden çıkan, "Zorlu" bir başarının hikâyesidir...

Denizli'nin el dokumalarıyla ünlü Babadağ ilçesinde 1944 yılında dünyaya geldi Ahmet Nazif Zorlu. 1953 yılında küçük bir atölye açan baba Hacı Mehmet Zorlu, oğulları Zeki ve Ahmet Zorlu ile birlikte bu atölyede çalışmaya başladı.

Ahmet Nazif Zorlu, ilkokuldan sonra okulu bırakarak bir yandan evdeki dokuma tezgâhında, diğer yandan da babasının atölyesinde çalışmayı sürdürüyordu.

Babasından küçük yaşlarda almaya başladığı hayat dersleri ile bu atölyenin ona kattığı tecrübe birleşince bugünkü Zorlu markasının temelleri atılmış oldu.

Yaşıtları mahallede yakartop oynarken, o kendi şirketini kuruyordu

1950'lerde içine düşen başarı tutkusu ona, daha 14 yaşındayken tek başına ticaret yapabileceği inancını ve cesaretini verdi. 15 yaşında Trabzon'a yerleşerek ticaret hayatına atıldı.

1960'ta amcası ile birlikte Trabzon'da bir dükkan açmaya karar verdiler. Yaşıtları daha sokakta oynarken o, dükkânın başına geçip çarşaf ve havlu satmaya başladı.

Her şey güllük gülistanlık gitmiyordu. *Bir ara kötü bir sürprizle karşılaştı. Bilançoda 10 bin lira zarar gözüküyordu!* Kötü performans başarısızlığı getirmişti ama o kolay kolay sırtı yere gelecek bir çocuk değildi. Bir yandan babasına nasıl hesap vereceğini düşünüyor, bir yandan da bu açığı nasıl telafi edeceğine dair bir karar almaya çalışıyordu.

Sonunda çözüm buldu. Bu can sıkıcı durumun üstesinden dükkânda satamadığı malları Pazar günleri de çalışmak pahasına kentin pazarında satarak geldi.

İşe semt pazarında satıcılıkla işe başlamanın gücünü, yıllar sonra sık sık *"Çıraklığını yapmadığın işin, patronluğunu da yapma"* deyişiyle vurgulayacaktı.

Onu karşılaştığı zorluklar büyüttü

Denizli'de ailesinin ürettiği çarşafları satarak başladığı ticareti, Bursa'da kurduğu dokuma fabrikası izledi. Fabrikayı kurdu kurmasına ama bir sorun vardı. Yeteri kadar iplik bulunamıyordu.

Önünde iki seçeneği vardı: Fabrikayı kapatmak ya da bir iplik fabrikası kurmak. *O, "zorlu" yolu seçerek, aldığı hızlı bir kararla 6 ay içinde bir iplik fabrikası kurup üretim yapmaya başladı.* Zorluklara yenilip küçüleceğine, zorlukları yenerek büyümüştü. Zaten başarı da "zorlu mücadeleleri" severdi...

Fabrika kurulurken önce üretim yerinin sonra idare binasının tamamlanmasına özen gösterdi. Çünkü üretimin kazancıyla idari binanın yapılmasının doğru olduğuna inanıyordu. Önce çalışılmalı, üretilmeli, sonra yönetim rahat etmeliydi.

İstanbul'a gelmeden önce pazarı iyice yokladı

Askerden döndükten sonra İstanbul gibi büyük bir şehirde çalışması gerektiğini düşünen Zorlu, burada fason üretim yapma kararı aldı. Önce pazar hakkında bilgi edinip pazarda boşluk olup olmadığını araştırdı.

Yenilikçi olmaya önem veriyordu. O zamanlar çarşaf üreten tek firmanın ürettiği çarşaflardan boyut olarak daha geniş modeller üreterek bir ilke imza attı. 1971'de Taç marka nevresimleri piyasaya sürüldü.

Ona da başaramayacağını söyleyen çok olmuştu. İlk defa onun ürettiği renkli ve desenli nevresimler arkadaşlarının "Nevresim dediğin askerde kullanılır" yorumuna sebep oluyordu! Aldırmadı ve kendini işine adadı.

Bu sefer boyundan büyük bir işe kalkışıyordu

Zamanla mevcut kapasite talebi karşılamaya yetmeyince 1975'te Bursa'da Korteks'i kurdu. Yine stresli "esmer günler" onu bekliyordu. Çünkü fabrikanın işleyeceği ve başarılı olacağı konusunda tereddütü vardı.

Bu tereddütün sebebi o dönemde bu çapta fabrikaların olmaması ve giriştiği işi o ölçekte daha önce kimsenin denememesiydi. İlk defa tereddüt etmişti ama korkusuna teslim olmak yerine, iki katı düşündü, iki katı çalıştı.

Sonraki yıllarda Korteks, dünyanın en büyük iplik ve dokuma fabrikalarından biri olmayı başardı. Bu sayede nevresim pazarının yüzde 60'ına sahip oldu, yüzde 50 kâr marjıyla çalıştı. Bununla ilgili olarak Zorlu, *"Ne demişler, ilk vuran okçudur,"* der.

Yine yeni bir sektöre, büyük ölçekli bir giriş yapıyordu

1980'lerde pazardaki tül perde eksikliğini fark etti. Bunun üzerine, Almanya'ya 12 adet tül makinesi siparişi verdi. Siparişi duyan bir Alman, "Bu kadar çok makineyle ne yapacaksın, altı tane alsan sana yeter," dedi ama onun planı belliydi. Üretimi hızlandıracak, kaliteli tül perdeye olan talebi karşılayacaktı. Bu siparişin ardından 8 tane daha tül makinesi istedi.

Rakipleri hâlâ mekanik üretim yaparken o 100 tane elektronik makineye sahipti. O dönemde Avrupa'nın en büyük fabrikasında bile en fazla 20 makine olduğu düşünülürse bu rakamın hayli fazla olduğu anlaşılabilir.

Bu sürecin sonunda Bursa'daki Korteks tesislerinde yıllık tül perde üretimi 150 milyon metrekareye ulaştı. Bu üretimin yüzde 40'ı Almanya ve Amerika başta olmak üzere Güney Afrika, Japonya ve Singapur'a ihraç edilmeye başlandı.

Türkiye ona yetmedi, dünyaya açılmaya başladı

Ahmet Nazif Zorlu, ürünlerindeki kalitenin en büyük avantajı olduğunu biliyordu. Bu kalite sayesinde Alman müşterilerin Fransız'a, İngiliz müşterilerin Amerikalı'ya tavsiye etmesi üzerine dünyaya açıldı.

Zorlu, Türk malının "kalitesiz" olduğu önyargısını silmek için çok çaba harcadı. 2004'te Fransa'da perde üreten Concord fabrikasını da bünyesine kattı.

1990'dan sonra sıkıntıya giren Vestel'i alarak elektronik alanına girdi. İş dünyasının dev şirketlerini geride bırakıp Vestel'i almasıyla kamuoyunda büyük ilgi uyandırdı.

Üzerinde çeşitli tedbir kararları olan bir şirketi almanın ne kadar riskli olduğu konusunda uyarılmıştı. Ama bu şirketin alındıktan ve iyi bir yönetime geçirildikten sonra elde edeceği başarıya olan inancı galip geldi.

Vestel'i alır almaz piyasadaki bütün hatalı, bozuk ürünleri topladı ve değiştirdi. İlk kez 3 yıl ürün garantisi getirdi. Zamanla Vestel'in kötü imajını silip yepyeni bir şirket yarattı.

Bu şirket, zamanla Avrupa'nın ilk üç, dünyanın sayılı televizyon üreticilerinden biri oldu.

Miras değil, zorlu bir mücadeleyle başardı

Tül perde işinde dünyanın, ev tekstilinde ise Avrupa'nın en büyük üreticisi konumuna geldi. Küçük bir atölyede başlayan "zorlu" bir dönemin sonunda, 50'yi aşkın şirketle 108 farklı ülkeye "made in Zorlu" etiketini taşımış oldu.

Ahmet Nazif Zorlu, üniversite mezunu değil, hayat okulu mezunu. İyi bir eğitim alamamış olmasına rağmen iş hayatının zorlu şartlarına yenilmedi ve iyi eğitim almış rakipleriyle arasındaki farkı kapatabilmek için azimle çalıştı. İş hayatına erken girmenin, ona erken tecrübe avantajı kazandırdığını sürekli vurguluyor.

Başarı mottosu şuydu: "Gezen tavşan yatan aslandan kısmetlidir"

O, bugünlerin planını yıllar öncesinden yapıp, "Bir gün dünya şirketi olacağız," dediğinde, gerçekçi düşünmeye davet edilmişti. Oysa şimdi yapılan araştırmalara göre, bugün KOBİ'lerin iş hayatında kendilerine en fazla örnek aldıkları başarı hikâyesinin sahibi o.

Onun temel ilkesi *"hızlı karar ver ve verdiğin kararı hemen yarın uygula"* idi. Hızlı karar almak ve stratejik düşünmek Zorlu'nun en büyük sırrı. Tüm kurumunda *"Gezen tavşan ya-*

tan aslandan kısmetlidir" atasözü ezbere bilinir. Çünkü Zorlu, bu sözü defalarca tekrarlayarak tüm çalışanlarının beynine kazır.

Şimdi gelelim, Zorlu'nun diğer başarı sırlarına...

Ahmet Nazif Zorlu'dan başarıya götüren sözler

- Başarınızda belirleyici olan risk alma stratejinizdir. Risk almadan bir şey yapamazsınız.
- *Başarıda, teori % 20, pratik %80 rol oynuyor.* O nedenle siz gençlere en büyük öğüdüm, stajınızı o kuruma gönül vererek, işe yoğunlaşarak yapın. Fabrikalar, şirketler birer hayat okulu. Elinize geçen fırsatları iyi değerlendirmeli ve iş başında öğrenebildiğiniz kadar çok şey öğrenmeli ve talepkâr olmalısınız.
- Teori, deneyimle birleştiğinde ancak kullanılabilir bilgiye dönüşür ve size fayda sağlar.
- *Fedakârlık yapmadan başarılı olunmaz.*
- *Başarı, yarınları planlayanların, olayları değil hedefleri konuşanların olacaktır.*
- *Hızlı olacaksın, çünkü yavaş olan geri kalır.* Yavaş kalırsan geri kalırsın.
- 'Yapayım mı, yapmayayım mı, ben bir düşüneyim' dersen geç kalırsın, hiçbir şey yapamazsın. *Hızlı davranacaksın ama kamikaze gibi de girmeyeceksin.* Araştırmacı olacaksın. Hayal kurarken bile geleceğe bakacaksın. Trendleri izleyip fizibilite çalışmanı yapacaksın. Yoksa hiçbir ön çalışma yapmadan 'ben girdim' diye bir işe girmek yanlış.
- *İnsanlarımızı, kayıt dışına ve bedavacılığa değil çalışmaya alıştıralım.* Cinliklerle, kestirmecilikle bir yere varamayız.

- Vücudum, aklım, zekam elverdikçe çalışacağım.
- *İnsan vücudu bir makinedir. Planlayacaksın.* Vücudun dinlenme, yeme, eğlenme saatini ayarlamazsanız bu makine yorulur.
- *Çıraklığını yapmadığınız bir işin patronluğunu yapamazsınız!*
- Dürüst olup cesaretli kararlar verdikten sonra, başarı peşinden gelir insanın.
- *Bir kavgaya giriyorsan sonuna kadar mücadele edeceksin.* İki tokat atıp kaçmak insanlığa yakışmaz.
- *Verdiğiniz sözü yapacak, yapamayacağınız sözü de vermeyeceksiniz.* Söz verdiniz mi de ne pahasına olursa olsun yapacaksınız.
- *Çalışkan ve dürüst, dürüst ve çalışkan insan istiyoruz.* Dürüstsün ama çalışkan değilsin. Hiç önemin yok. Sen zamanı çalıyorsun. Çalışkansın da dürüst değilsin. O da olmuyor. Bunu yaşadıklarımdan öğrendim.
- *İleriye dönük hesaplı yaşayacaksın.* Hesapsız kasap elinde kalırmış masat. Hesabı kitabı yaparken, çok iyi düşüneceksin.
- *Evime gittiğim zaman 'Ben bugün ne yaptım?' derim.* O mesuliyeti hissedeceksiniz, hissedemezseniz bir yere varmanız mümkün değil.
- *Karar vermek ve işi zamanında bitirmek çok önemli.* Zaman satın alınamıyor. Alabilir misiniz? Mümkün mü? Dünyada öyle insanlar var ki, 100 milyar dolarları var. Zamanı satın alabilecek olsalar, servetlerinin hepsini de verirler.
- Başarı için, doğru zamanda ve zeminde harekete geçmek şart.
- *Gözlemci olmak, detayları incelemek lazım.* Her şey detaydadır.

- *Yaptığınız işe inanacak ve kurumunuza sahip çıkacaksınız.* 'Ne yaparım da patron olurum' yerine 'Ne yaparım da işimde başarılı olurum' diye düşüneceksiniz. Çok çalışacaksınız. Ve dürüst olacaksınız. İşte size başarının anahtarları...
- Pist yuvarlak, koşarken ille de birinci olmayabilirsin, ama bir adım geride olsan bile yarışta olmak seni bir yerlere götürür. Yarışlara katılmanı sağlar, şampiyonluklara oynarsın.
- Bir şeye sahip olmak kıymetini bilip hakkını vermekle olur.
- Önemli olan zirveye çıkmak değil, çıkılan zirveden geri inmemek.

Yazan: Tuğçe Kutluay

İNSAN İSTERSE, HERKESE VE HER ŞEYE RAĞMEN "YOL"UNDAN DÖNMEYİP BİLDİĞİNİ YAPABİLİR!

Bir Yol Hikayesi'ydi onun yaşamı... Yılmaz'dı yolcunun adı

1 Nisan 1937'de Adana'nın Yenice köyünde doğdu. Urfa'nın Siverek ilçesinden kan davası nedeniyle Adana'ya göç etmiş, topraksız bir köylü ailenin çocuğuydu.

9 yaşından itibaren okuyabilmek ve ailesine yardımcı olabilmek için çalışmaya başladı. Bazen dana güderek, bazen pamuk işçiliği yaparak, sık sık da gazoz ve simit satarak.

15 yaşına geldiğinde evden kaçarak Adana'daki akrabalarının yanına yerleşti.

Doğuştan adaletçi ve eşitlikçi bir yapısı vardı.

Daha o yıllarda ezilenleri, sömürülenleri ve adaletsiz sistemi eleştiren öykü denemelerine başlamıştı. Yıllar ve yaşadıkları, küçük Yılmaz'ın kalemini gittikçe keskinleştirecekti...

Kalemine ilk kement 19 yaşındayken atıldı

19 yaşında yazmış olduğu 'Üç bilinmeyenli eşitsizlik sistemleri' adlı öyküsü, "komünizm propagandası içerdiği" gerekçesiyle takibata alındı. Bu, eleştirdiği sistem tarafından kalemine atılan ilk kementti.

24 yaşında bir yazısı nedeniyle 1,5 yıl hapis ve 6 aylık sürgün cezasına çarptırıldı. Cezaevi ile ilk kez tanışıyordu. Muhtemelen, ömrünün büyük kısmını burada geçireceğinden habersizdi...

Daha da kötüsü, nice zorlukları aşarak girdiği üniversiteyi aldığı mahkumiyet yüzünden yarıda bırakmak zorunda kalacaktı.

"Öğrenimim yarım kalmıştı. Önümdeki tek yol, kendimi hayatın okulunda, hayatın kabul ettiği ve dayattığı öğretmenler aracılığıyla eğitmekti. Öyle yaptım. Kitaplar, sinema, iş, cezaevi, acımasızlık, hayatın katı kuralları, toplumsal baskılar, kahpelikler, yiğitler... Karşılaştığım zorlukları yenmek için direnmek ve kararlılık... Öğretmenlerimin en öğreticisi 'zor'du..."

Zorlukların öğrencisi, sinemanın efendisiydi

Hayatı anlamak ve anlatmak için sinemayı kullanıyordu. Onunla ilgili her şeyi yutarcasına öğreniyordu. Aklında daima film kareleri dönüyordu. Her başarılı insan gibi, o da güçlü tutkuları olan, aklı işine takık biriydi.

Onun aklı sinemaya takıktı ama sistemin sahipleri de boş durmuyordu. O filmlerinde sistemi eleştiriyor, sistem de onu silmek için tüm gücüyle yükleniyordu.

En iyi film ödülüne layık görülen filminin gösterimi, sansür kurulu tarafından yasaklandığında 30'lu yaşlarındaydı. Bu sadece başlangıçtı. Ardı arkası gelmeyen sansürler, önüne aşılması güç engeller koyacaktı.

Aynı dönem içerisinde en iyi erkek oyuncu ödülüne layık görüldü, fakat verilen ödül geri alınarak Türk Sinemasının en büyük skandallarından biri yaşandı!

O misyon sinemacılığını seçti, ömrü hapishanelerde geçti

Büyük mesajları olanlar, büyük bedeller de öderler. O da sıradan, suya sabuna dokunmayan filmler yapıp, konforlu bir hayat yaşayabilirdi. Ama duruş sahibi biri olmayı seçti. Kaybetme pahasına, kendi olmayı bildi.

Herkesi kendine uydurup ruhsuzlaştıran sistem, bu özgür ve özgün tavra, kayıtsız kalamazdı. Bedelini ödetecekti. Fakat Yılmaz Güney bir demir leblebiydi, çiğneyince ağızda dağılmıyordu.

37 yaşında 12 Mart Darbesi sonucunda birçok aydın ve yazar ile birlikte gözaltına alınarak fikir suçu kapsamında 2 yıla mahkum oldu.

39 yaşında adı bir cinayet olayına karıştı, 19 yıla mahkum oldu. Yaşamının özgürlüğe hasret yalnızlığı, bu dönemde başladı.

40 yaşında hapisteyken babasını kaybetti ve mezarını dahi göremedi.

Senaryolar yazıyordu ama oyuncular gözaltı korkusundan oynamıyordu

İnsanın içinde bir başarı enerjisi olmayagörsün, kapılar bir taraftan kapanırsa, başka bir taraftan açılır. Hiçbir enerji sonsuza kadar insanın içinde tutuklu kalmaz.

Mahkumiyetleri hayatından sinemayı çaldı, fakat kaleminin mürekkebine engel olamadı. Hiç durmadan yazdı.

İlmek ilmek işlediği senaryolarını oynayacak profesyonel oyuncu bulamıyordu çünkü çoğu gözaltına alınma korkusundan oynamayı kabul etmiyordu.

1980 darbesinde adından bahsedilmesi bile yasaklandı!

Cezaevindeyken çıkardığı kültür-sanat dergisi, ülkede ilan edilen sıkı yönetim sonucunda kapatıldı.

Hakkında yazdıklarından ötürü 10 ayrı dava açıldı.

İstenen ceza toplamı 100 yılı geçiyordu. Adından bahsetmek bile yasaklandı!

1981 Ekiminde Isparta Cezaevi'nden izinli olarak çıktı ve bir daha dönmedi.

Düşüncelerini yeşertebileceği inancıyla, yurtdışına iltica etti.

46 yaşında TC vatandaşlığından çıkarıldı.

9 Eylül 1984 yılında, henüz 47 yaşındayken, Fransa'da, mide kanserinden hayata gözlerini yumdu.

Özünde "fakir ama gururlu" bir çocuğun hikayesiydi yaşananlar

Adana'da "Yılmaz Pütün" adıyla başlayan "sıradan" hikayesi, sıradışı duruşu, kararlılığı, cesareti, her şeye rağmen yolundan dönmeyen iradesi ile adını Türk Sinema tarihine "Yılmaz Güney" olarak yazdırdı. O sevmeyenlerinin gözünde bile "kral"dı, "Çirkin Kral..."

Yılmaz Güney'i, herkes siyasi fikirleriyle bilir.

Oysa hikâyenin arka planında, yokluktan gelen, yoksul ama onurlu bir insan duruşu vardır. Sinemasını adil olmadan kazanan, gücüyle başka insanları ezenlere karşı konumlandırmıştır. *O dürüstçe kaybedenlerden yanadır. Daha doğrusu, dürüstlükten kaybedenlerden yanadır.*

"Sinemayla karşılaşmam 13 yaşındayken oldu. Kavgalı dövüşlü filmlerin gösterildiği fukara sinemalarına gidiyorduk. Kendimizi daha rahat hissediyorduk bu sinemalarda. Mesela bir Galatasaray Sineması vardı, çok güzeldi. Önünden geçer, bakardık ama çok

lükstü gitmeye korkardık. İstesek parasını verip girebilirdik. Ama ne kıyafetimizi ne de yapımızı uygun görmezdik o sinemaya."

Peki Yılmaz Güney kendini nasıl yetiştirdi? Yoksul ve eğitim düzeyi düşük bir ailede doğmuş olmasına rağmen, yetenekli ve üslup sahibi bir sanatçı bakış açısını nasıl kazandı?

Çocukken yoksuldu ama eline geçen parayla sürekli kitap alıyordu. 17-18 yaşlarına geldiğinde, kitaplığında biriktirdiği yüzlerce kitabı vardı. Kitaplar ve filmler, onu doğduğu yerden olduğu yere götürdüler.

Peki, bu "Yılmaz çocuk", yoklukların içinden neler yaparak çıkabildi?

İlk iş olarak öykülerini, çok erken yaşlarda kendi imkanları ile çıkardığı Doruk adlı dergisinde yayınlamaya başladı. Seçtiği ad, belki de gözünü koyduğu yeri gösteriyordu.

Sürekli çalıştı, sinemayla ilgili her şeye fedakârca atıldı. İdealist biriydi. Bisikletiyle hızlı bir şekilde sinemadan sinemaya on altı milimetrelik film bobinlerini taşıdı. Film afişlerinin olduğu panoları mahalle aralarında dolaştırarak filmlerin reklamını yaptı. Sonunda reklam çığırtkanlığından, henüz 14 yaşında olmasına rağmen makinist yardımcılığına terfi etti!

19 yaşında, yüreğinde Çukurova'nın bereketli toprak kokusuyla, üniversite okumak için Ankara yollarına düştü. Kafasındaki her türlü sınıfsal farklılığa "hayır" diyen, "başka bir dünyanın" mümkün olduğunu savunan düşüncelerin etkisiyle, hukuk fakültesini tercih etti.

Aklında siyaset, kalbinde sinema vardı

20 yaşında, aklı yaşamak istediği dünyanın düşleriyle kaynarken, yüreği sinema aşkıyla tutuşuyordu.

Bu dönemde "yaşamımın dönüm noktası" dediği usta yönetmen Atıf Yılmaz ile tanışarak ilk kez feleğin çarkında jokeri kaptı. Bu tanışma ona düşüncelerine ve sinemaya aynı yakınlıkta olabilme fırsatı verdi.

Sonunda aklı ile kalbi, aynı amaç için ittifak yapmıştı. Bu, büyük bir başarının geleceğinin ilk göstergesiydi.

Ve çirkin kral sahneye çıkıyor

Hukuk öğrenimini yarıda bırakarak İstanbul Üniversitesi İktisat Fakültesi'ne geçti. Öğrenciyken aynı zamanda Adana'da pursantaj (Depo Alım-Satım) memurluğu yaptığı Dar Film'in, İstanbul bürosunda çalışmaya ve Atıf Yılmaz'ın asistanlığını yapmaya başladı.

22 yaşında Atıf Yılmaz tarafından çekilen *Bu Vatanın Çocukları* ve *Alageyik* filmlerinin senaryolarını yazıp, aynı zamanda da oyuncu olarak katkıda bulunarak setlerin ilk tozunu yuttu.

Kaleminin yönünü, öykülerden senaryolara çevirdi. Senaryolarında ezilen, horlanan, itilip kakılan fakat asla yazgısını kabul etmeyen, baskı ve kötülüğe karşı tek başına direnip mücadele eden 'dürüst Anadolu çocuğu' portreleri çizmeye ve oyunculuğuyla bu karakterlere hayat vermeye başladı.

Duruşu ve vuruşu olan bir sinemacı oldu

O artık senaryoları ve oyunculuğu ile Türk Sinemasının kabuğunu kıran, kırdığı kabuktan "bir çirkin kral" çıkartan, tavrı, mesajı ve davası olan bir sinemacıydı.

Yeşilçam'ın makyajı akan kalıplaşmış karakterleri, Yılmaz Güney'in inandırıcı, yapmacıksız, doğal oyunculuğu ile gelen başarısı karşısında şaşkına döndüler. O ezber bozan bir tarz geliştirmişti.

Sinemadaki başarısından sonra davasını satmadı, başarının getirdiği konforla duruşunu bozmadı. Yaşam tavrı şu cümlesinde gizliydi:

"Şerefli bir miras bırakmanın birinci koşulu, ezilenlerin yanında bilinçli bir biçimde saf tutmaktır."

Çocukken portakal almaya parası yoktu ama yıllar sonra Altın Portakal aldı

O çocukken portakal almaya parası olmayan ama yıllar sonra filmleriyle Altın Portakal alan bir insandı. Yaşamı boyunca sayısız ödül kazandı.

Sadece yurtiçinde değil, yurtdışında da ödül kazanan ilk sinemacımızdı. Avrupa'da uzun süre Türk sineması denince akla gelen ilk ve tek isim oldu.

Yılmaz Güney'in başarısını doğru okumak

Yılmaz Güney'i sevebilir veya sevmeyebilirsiniz. Düşüncelerine ve davasına katılabilir veya katılmayabilirsiniz. Bunlar asıl konu değil, onu sevmeniz de, davasına katılmanız da gerekmiyor. Biz başarı öyküsüyle ilgileniyoruz.

Bir emeli ve binbir engelleyicisi olan bir insanın, her şeye ve herkese rağmen, istediğini yapabilmesine saygı duyuyoruz. Ona saygı duymak ve ondan öğrenmek, "duruşu" olan bir sinemacı karşısında bizim "duruşumuz" bu.

O bizim için "güneyden gelen Yılmaz çocuk"tur.

Asıl hapishaneler kafaların içindedir, derdi

O halkın yaşadığı acılar, güzel gelenekler, sınıfsal çelişkiler üzerine kafa yoruyordu. Tavrını güçsüz, "emekçi" halk kitlelerinden, sınırsız ve sınıfsız bir dünyadan yana koydu. Kalleşçe kazananlara karşıydı.

O özünde konserve gerçeklerin makyajını bozan, başkaldıran, yoksul ama onurlu bir "Anadolu çocuğu"ydu. Siyasi görüşlerinin fonunda yaşadığı acıların gölgesi bulunuyordu.

Birçok devrimci sanatçı gibi baskı ve saldırılardan payına düşeni aldı. Yıllarca cezaevlerinde yattı, sürgünler yaşadı. Filmleri yasaklandı, sansürlendi. Ölümle tehdit edildi, öldürülmek istendi. Tüm bunlar onu yıldırmadı. Mücadele azmi, davasına adanmışlığı ve kaleminin keskinliğiyle "duvarları" aşarak milyonlara ulaşan bir "yol" buldu.

Başarısının formülü bir cümleye bin anlam yüklediği şu satırlarda aslında:

"Asıl hapishane insanın kafasında yarattığı hapishanedir. Hayatı sınırlayan hapishane odur ki, ilk fırsatta yıkılmalıdır. Dünyayı daha iyi kavrayabilmek için..."

Bir Yol Hikayesi'ydi onun yaşamı...

Güneyden gelen toprak kokusu taşırdı üstünde.

Adı "Yılmaz'dı" ve adı gibi yılmadı...

Yılmaz Güney'den, yılmayanlar için kutup yıldızı olacak sözler

- Bir ağacın gölgesinde ağaç yetişmez, yetişse bile o ağacın gölgesinde kendini bulamaz.
- "Esaret bağlarında gül olmaktansa, özgürlük dağlarında diken olurum..."
- Bir köle olarak yaşamaktansa, özgürlük savaşçısı olarak ölmek daha iyidir.
- Akarsu yolunu bulur, önündeki engelleri aşar, dağları deler, denize ulaşır.

- Başıma gelecek belaları göğüslemeye şimdiden hazırım.
- Kendimi aşacağım. Bütün imkânsızlıkları yenip dünya çapında filmler yapacağıma inandırıyorum kendimi.
- Kararımı verdim. Mücadele edeceğim. Göreceksiniz tahtlarını, taçlarını yerle bir edeceğim o bebek yüzlülerin. Ne yapalım, Ayhan Işık kesme şeker gibi düzgün bir kralsa, ben de 'Çirkin Kral'ım.
- Sanatçıya, 'sanatçı' sıfatını kazandıran şey, onun bilinçli sanatsal eylemi ve yarattığı şeye kattığı büyüdür.

Bir Gün
Hangi zorluğu yenmemiş insanoğlu.
Hele taşıyorsa içinde bu insanca sevgiyi.
Güzel günler zorlu duraklardan
geçer sevdiğim. Damla damla
birikiyor insan. Damla damla sevgili...
Bir gün akıp gideceğiz hayata.
Duvarlar yıkılacak, açılacak bütün kapılar bilesin.
Benim yüreğim sensin şimdi seni vurur durur...Ve yine damla damla
çoğalıyorsun içimde.

Yılmaz Güney

Kaynaklar:

1- *Ona Çirkin Kral Derlerdi/Belgesel film/Yön: Claude Weisz /1984/Güney Film-Gala Film*
2- *Adana-Paris/Belgesel film/Yön:Ahmet Soner/1994/Güney Film-Gala Film*
3- *Yılmaz Güney-Bir Çirkin Kral/Turhan Feyizoğlu / Ozan Yayıncılık*
4- *www.güneydergisi.com*
5- *Yılmaz Güney, Siyasal Yazılar, sayfa 9-12, Güney Yayınları*

Yazan: Görkem Özkan

İNSAN İSTERSE, ÖLDÜ DİYE CENAZE TÖRENİ HAZIRLANAN BİR ÇOCUKKEN "POZİTİF ENGELSİZLERDEN" OLABİLİR!

Çocuk felci yüzünden iki bacağını kaybeden, ilk cümlelerini 7 yaşında kurmaya başlayan Seyfettin Işık, nereden nereye geldi, nasıl geldi? Asıl engellerin dışımızda değil içimizde olduğunu kanıtlayan Işık "kendini engelletmeme" hikâyesini İnsan İsterse'ye anlattı...

Yıl 1978. 9 Eylül günü, saat 22:00 sularında, Kayseri'nin Develi ilçesinin, eski adıyla Aygözme köyünde çatısı kerpiç, iki odası olan bir evin eşiğinde dünyaya geldi.

O gelince güneş doğmuştu sanki o haneye. Annesi dört kız çocuğu dünyaya getirmiş, sonuncusu daha bir yaşını doldurmadan geri gitmişti. Bir sonraki olursa erkek olmalıydı. Öyle de olmuştu.

Ama sanki yanlış yerde doğmuştu. İnsan biraz daha bekleyebilir, annesi eşikten içeri girdikten sonra dünyaya gelebilirdi. *Seyfettin o zaman da sabırsızdı ve hiç beklemedi, hemen gelmek istedi ve geldi.*

O gelince coşku geldi, sevinç geldi, neşe geldi. Öyle bir bakıldı ki, bu ilgi o günün şartlarında harikuladeydi. Köyde sevilecek çocuklar onu kıskanıyordu.

9 ay önce yüzünde çiçek açan çocuk solmaya yüz tutmuştu

Seyfettin şiddetli bir ateşle, sebebini ve adını bilmedikleri bir hastalığa yakalandı. 9 ay önce açan çiçek solmaya yüz tutmuştu.

Babası gidip fitil aldı önce. Pazartesi olunca doktora götürecekti, hafta sonu nereden bulacaklardı doktoru? İki gündür ateşini düşürmek için bildikleri bütün yolları deniyordu köylü. Ancak ateşi düşmediği gibi Seyfettin'in durumu gittikçe kötüleşiyordu. Belki Pazartesiye bile çıkmazdı.

Annesi babasını çarşıya gönderdi, "Git bir top bez al da ele güne karşı elimiz ayağımıza dolaşmasın," dedi. Artık ölümü yaklaşmıştı. Geceleri ağzına kulak dayayıp nefes alıp almadığı yoklanıyor, tenine dokunuluyordu teni soğumaya başlamış mı diye...

Pazartesi olmuştu ama Seyfettin inat etmiş, ölmemişti

Pazartesi olmuştu ama Seyfettin inat etmiş, ölmemişti. Doktora götürmek farzdı bu sefer. Ümitsizce Erciyes Üniversitesi Tıp Fakültesi hastanesine götürüldü. Doktor, "çocuk felci" teşhisi koydu ama çok geç kalınmıştı. O an için yapılması gereken tedavinin ardından taburcu edildi.

Evet, Seyfettin sakat kalacaktı artık. Anne baba "ölse kurtulurdu" diye düşünmeye korkuyordu ebeveyn içgüdüsüyle. Böyle düşündükleri için suçluluk duygusuna kapılıyorlardı.

1985 yılına kadar hiç yürüyemedi Seyfettin. Ablaları onu rüyasında yürürken görüyor, bunu heyecanla herkesle paylaşıyorlardı. Rüya bile olsa çok güzel bir şeydi onun yürümesi.

Babasıyla birlikte camiye gidiyor, ona öğretildiği gibi "Allahım bana ayak ver", "Allahım bana ayak ver" diye dua ediyordu. Bu sözler onun ilk sözcükleriydi.

Evet, Seyfettin daha önce hiç konuşamamıştı. 7 yaşındaydı ve bu sözcükleri bir araya getirerek ilk defa cümle kuruyordu. Sesi bile yabancı geliyordu kendine. Sanki başka birisi konuşuyordu.

Ablalarının sırtında ilkokulu bitirmişti

1986'da Adana'ya taşındılar. O da okula kaydedildi. Her ne kadar cihazlarına ve değneklerine alışmak/katlanmak zorunda kalsa da, ablalarının sırtında ilkokulunu bitirmişti. Yine konuşması yok denecek kadar kötüydü.

Kimseyle konuşamıyor, sadece mırıldanıyor ve kimse onu anlamıyordu. Boş zamanlarında tek arkadaşı hayalleriydi. Bol bol hayal kurar, bahçelerinde çamurdan yaptığı oyuncaklarıyla tek başına oynardı.

İlkokulu bitirdikten sonra evde tek söz sahibi olan babası onun okula devam etmesini istemedi. Seyfettin o zaman bile, "Hayır baba ben okula gitmek istiyorum," diyemedi. Okuluna devam etmeyi çok istiyordu. Geceleri ağlayarak uykuya dalıyordu.

Söylemek istediklerini küçük kâğıtlara yazıp babasının görebileceği her yere astı

İki büyük sorunu vardı. Okula gönderilmemesi ve okumak istediğini ifade edememesi. Boğazında bir yumruk! Ne çıkarabiliyordu ne de yutabiliyordu. Bu acı onu eritiyordu.

Sonunda kendince bir çözüm buldu. Babasına bu konuda söylemek istediklerini küçük kâğıtlara yazıp babasının görebileceği her yere astı. Babasının yatak odasının kapısına, banyo kapısına, v.s.

Yazdıkları yerinden kaybolunca yeniden yazıp asıyordu, yılmadan usanmadan bunu yapıyordu. Yapıyordu ama babası bir türlü cevap vermiyordu. Seyfettin bir yandan notlar yazıp herkese bunu ilan ediyor, bir yandan da başka yollar düşünüyordu.

İstediği sadece bir cevaptı. Olumsuz olsa bile rahatlayacaktı ama yine yazmaya devam edecekti. Bir cevap yoktu.

Kendisini değersiz hissediyor, bu dünyada fazlalık olduğunu düşünüyor, insanlara yük olmaktan başka bir işe yaramadığına inanıyor, geceleri dualar ederek ağlıyor, gündüzleri öfke nöbetleri geçiriyordu.

Tek istediği okula gitmekti

İyice hırçınlaşmıştı. Tek istediği okula gitmekti. Bir yılı böyle geçti.

Bir sonraki yıl portakal, karpuz ve pamuk işçiliği yapan annesi ve ablaları masraflarını ortak karşılayıp okula kaydını yaptırdılar. Okula gidiyordu artık!

Orta ikinci sınıfa başarıyla geçen Seyfettin'e babası bir gün, "Artık ev yaptırıyoruz oğlum, annen evin masraflarını karşılayacak, ben de maaşımı olduğu gibi eve yatıracağım. Sen artık büyüdün, kendi işini kendin hallet, masraflarını kendin karşıla, ne yapacağına kendin karar ver," dedi.

Önünde iki yol vardı, ya hayallerine yürüyecekti ya da hayata küsecekti

Önünde iki seçenek vardı. Ya okulunu bırakıp annesinin yamadığı lastikli pantolonu delinince, "Anne şurayı da yama", "Anne tıraş olmam gerek, babamdan para iste, Permatik alacağım" diyecekti ya da hayal dünyasında iyice netleştirdiği, hayattaki her şeye sahip olan, sevilen, saygı duyulan, "başarılı Seyfettin" olup bir fark yaratacaktı.

Kendisiyle yüzleşmenin zamanı gelmişti. Artık balık sudan çıkmalıydı. Ne pahasına olursa olsun hayallerinin peşinden tutkuyla gitmeye karar verdi.

Okulunu bırakamazdı, devam edecekti. Devam etmesi için iş bulması gerekiyordu. Daha önce hiçbir işte, hiçbir yerde çalışmamıştı. *Bunu da bırakın, hiçbir yeri bilmiyordu, çarşıya bile gitmemişti.* Nasıl iş bulacağına dair hiçbir fikri yoktu, nasıl iş isteneceğini de bilmiyordu.

"İş istiyorum" kelimesini nasıl ifade edecekti tanımadığı insanlara, bunu diyemezdi, korkunç bir şeydi bunu demek zorunda olmak ama demeliydi, en azından bunu başarmalıydı.

Kabuğunu kırmaya, gidip herkese, "İş istiyorum, çalışmam gerek," demeye karar verdi

Hiçbir işte çalışmayan, dünyada hangi mesleklerin olduğunu bilmeyen, 16 yaşında birine kim hangi işi verirdi ki? Daha konuşmayı bile beceremiyordu. Cesareti yoktu, korkuyordu her şeyden. Ne yapabilirdi? Nasıl yapabilirdi?

Gidip herkese, "İş istiyorum, çalışmam gerek, okula devam etmek için çalışmalıyım," demeye karar verdi. Ya ben bunları söylerken şaşırırsam ya da söylediğimi zanneder sadece mırıldanırsam, beni anlamazlarsa diye içindeki olumsuzlukları yenmeye çalışırken "Ne olursa olsun çıkıp bunu yapmalıyım," dedi ve çıktı dışarı.

Bindi bir dolmuşa, gözüne bir caddeyi kestirdi. Bir başından başlayıp diğer başına kadar her yere girdi. "İş istiyorum," dedi, "çalışmak istiyorum," dedi. İş aradı.

Kimisi hiç dinlemeden, "Patron yok!" dedi. Kimisi, "Allah versin!" dedi. Önce buna anlam veremedi. Sonradan anladı ki insanlar kendisini "dilenci" zannediyorlardı. "Olsun," dedi içinden. "Ben öyle olmadığıma göre onlar yanılıyorlar." Devam etti iş aramaya.

Bir radyocu, "Tamam, bize reklam bul, bulduğun reklamın yüzde yirmisi senin," dedi. Seyfettin, "Peki ne diyeceğim reklam bulmak için?" diye sordu. Radyocu, "Ben radyo SES'ten geliyorum. Radyomuz bir kampanya başlattı. Bu kampanyada kelimesi bu kadar diyeceksin," dedi.

Seyfettin bunu ezberleyince bir başka caddede işe başladı. İki günde tek bir reklam bile alamadı. Sorulan soruları cevaplayamadığı zaman radyonun numarasını veriyordu.

Adana'nın 40 derece sıcağında akşama kadar koltuk değnekleriyle yürüyordu

İki gün sonra başka bir iş aramaya başladı. Çok yoruluyordu. Yaz ayıydı. Adana'nın 40 derece sıcağında akşama kadar koltuk değnekleriyle yürüyor, koltuk altları yara oluyordu.

Bir gün bir başka radyonun sahibi olan kadın, *"Sana iş veremem ama radyomda senin için iş ilanı vererek sana yardımcı olabilirim,"* dedi. Bir hafta iş ilanını yayınladı. Bir gün telefon çaldı. Saat kordonu yapan bir atölyenin sahibi aradı ve onu işe almak için davet etti.

Gitti ama orada çalışmak için de okulunu bırakması gerekiyordu. Çünkü gündüzleri açık olan bir yerdi ve yarım gün çalışmanın ücreti eğitim masraflarını karşılamıyordu. Seyfettin yine iş aramaya devam etti.

Bir ay içinde derneğin en çok gazete satan elemanı olmuştu

Yine tesadüf sonucu Sakatlar Derneğini buldu. Oradan da yapabileceği bir iş olup olmadığının cevabını istedi. Eline bir deste gazete tutuşturdular. "Çalışmak istiyorsan bu gazeteleri satacaksın," dediler. O yine ne diyeceğini, nerelere gideceğini sordu ve çalışmaya başladı. O gün 35 tane gazete sattı.

Okulların açılma zamanı yaklaşmıştı. Her gün daha çok satmaya çalışıyor, bunun için ne yapması gerektiğini deneme yanılma yoluyla keşfediyordu. *Bir ay içinde derneğin en çok gazete satan elemanı olmuştu.*

Okullar açıldı. Artık Seyfettin daha çok sevilip sayılıyordu. Bütün okul ihtiyaçlarını kendi karşıladı, hatta kendine bir kasetçalar bile aldı. Evdeki itibarı arttı. Öğleden önce okuluna gidiyor, öğleden sonra gazete satıyordu. Hava kararıp iş yerleri kapanıncaya kadar çalışıyordu.

Eve gelirken de taşıyabileceği kadar meyve, çerez ve tatlı gibi kendisinin ve kardeşlerinin sadece misafirler getirdiği için yiyebildikleri şeylerden alıp getiriyordu. *Artık Seyfettin "topal" değildi ve öyle görülmüyordu.* Bu, onun için büyük bir şeydi. Hatta büyük de değil, muhteşem bir şeydi bu.

En büyük eksikliği her zaman olduğu gibi konuşamamaktı

Derneğin çıkardığı gazete kapandı ve dernek üyeleri tarafından tiyatro grubu kuruldu. Seyfettin bu grubun en iyi elemanıydı. Ama tiyatro zaman zaman turneye çıkıyordu. Okulu nedeniyle turnede çalışamayan Seyfettin okul harçlığı bittiği zaman, rapor alıp okulundan izinli sayılıp, il dışına gidiyor, yine çalışıyordu.

İş konusunda ne kadar tecrübe edinirse o kadar çok farkında oluyordu eksikliklerinin. En büyük eksikliği her zaman olduğu gibi konuşamamaktı. Çalışırken de kendince en iyi şablonu ezberleyip, o şekilde başarı sağlıyordu ama onun dışında sosyal iletişimi inanılmaz derecede kötüydü.

Tek hayali oturup bir insanla sohbet edebilmekti. Bunu beceremiyordu. Konuşurken cümleyi beyninden kuruyor ama kelimeleri ifade ederek söyleyemiyordu. Bazen buna teşebbüs ediyor ama ifade edeceği kelimeleri cümlede yerlerine yerleştiremiyordu.

Bu konuda çok acı çekiyordu. *Bunun hayalini kuruyordu hep. Aşık oluyor ama bunu asla söyleyemiyordu.* Söylese bile daha sözünü bitirmeden karşıdaki kişi konuşmasından sıkılıyordu, ne söyleyeceğini tahmin edip cevabını veriyordu.

Kızlar onu kardeş gibi seviyordu! Bunun sakat olmasından kaynaklandığını düşünüyor ve acı duyuyordu.

Nedense yüreği sakat değildi, hep sakat olmayan kızlara âşık oluyordu!

Bir kere daha kendisiyle yüzleşmesi gerekiyordu. Konuşamamasının yanı sıra, bir de sakat olmanın dezavantajını fark etmişti. *Belki ileride kendini geliştirip düşündüklerini ifade edebilecek hale gelebilirdi ama ömür boyu sakat kalacaktı, bunu değiştiremezdi.*

Ama nedense yüreği sakat değildi, hep sakat olmayan kızlara âşık oluyordu! Yolda ya da dernekte sakat kızlarla karşılaştığı zaman onlara bakamıyordu, aynaya baktığında kendine bakamadığı gibi.

Rüyalarını vesikalık görmeye zorladı kendini!

Rüyasında bile kendisi sakat değildi, hayalindeki kızla sahillerde gezerken koltuk değneği kullanmıyordu. Bunu aşmak için önce hayallerini ve rüyalarını vesikalık görmeye zorladı kendini ve artık öyle oldu. O kızın hep belden yukarısını hayal etti ve kendisi de öyle oldu. Problem geçici olarak çözülmüştü. Şimdilik böyle mutluydu.

Konuşamama konusunda kimden öğüt dinlese kitap okumasını öneriyordu. *Seyfettin bunu iyice abarttı ve aldığı kitapları sesli sesli, her harfin hakkını vererek, radyoda spikermiş gibi, kürsüde hatipmiş gibi okumaya başladı.*

Lise birinci sınıfta okulda iki cep telefonu vardı; biri okul müdüründe, diğeri Seyfettin adlı "bir" öğrencide!

Bir yılda 40 kitap okudu bu şekilde. Bir gün hayalini gerçekleştireceğine inanıyordu, en azından öyle hissediyordu. Buydu önemli olan. Bağımlı oldu kitaplara.

Artık hem çalışıyor, hem okuluna devam ediyor, hem de kendini geliştirme yolunda emek ve çaba sarf ediyordu. Lise birinci sınıfta okulda iki cep telefonu vardı; biri okul müdüründe, diğeri Seyfettin adlı lise birinci sınıfta okuyan "topal" öğrencide!

Lise son sınıfta ilk arabasını aldı. Engelli tertibatı olmayan bir arabayı, debriyajına kaynak yaptırarak, tek ayağı ile kullanmaya başladı. Kısa süre sonra H sınıfı ehliyet alarak yasal sürücü oldu.

Seri şekilde sürülerek gelip, düzgün bir şekilde park eden bir aracın içinden koltuk değnekli bir sakatın indiğini gören insanların şaşkınlığını mutlulukla seyretti

O zamanlar hızlı şekilde gelip kısa sürede, düzgün şekilde park eden aracın içinden, iki değnekli bir sakat inince insanların gözlerindeki o şaşkınlığı göz ucuyla izlemek onu daha çok başarı için motive etti. Bir de aracının yanından ayrılırken şaşkın şaşkın bakan adamların üşenmeden kalkıp arabanın içine bakıp, "Bu nasıl kullanıyor bu arabayı?" diye akıllarındaki soruya cevap aramalarını mutlulukla seyretti.

22 yaşında penisilin iğnesi yüzünden aksayarak yürüyen harika bir kızla evlenmek istedi. Aileleri karşı çıktı. Kızın annesi, "Kızım zaten engelli, başka bir engelliye verirsem nasıl bakar kızıma?" diye düşündü.

Sevdiği kızı kaçırarak evlendi!

Seyfettin'in ailesi laftan sözden anlamayan oğullarına söz geçiremeyip, "Alsa alsa bu kız alır bizim oğlanı, n'apalım elbet o da biriyle evlenecek, her işlerine koşarız, çocukları olursa biz bakarız," deyip gayri ihtiyari kabul etmek zorunda kaldılar.

Ailelerin bu düşünce ve yaklaşımlarından dolayı Seyfettin sevdiği kızı kaçırıp hiç kimsenin iğne ucu kadar desteğine gereksinim duymadan yuvasını kurdu.

Şimdi dört yaşında harika bir kızları var. Anne-baba sakat olunca usanmadan yılmadan şu soruya cevap verdiler:

-Çocukta bir şey var mı?

-Hayır yok, o sakat diil. :)

Pozitif Engelsizler Tiyatrosunu kurdu!

Seyfettin 2001 yılında İstanbul'da PEKSEM (Pozitif Engelsizler Kültür Sanat ve Eğitim Merkezi) adında kendi tiyatro grubunu kurdu. Eşiyle birlikte geçmişteki deneyimlerini birleştirerek "İş İlanı" adlı komedi tiyatro oyununu yazdılar.

Bu oyunu 6 kişilik bir kadroyla sahneye koyup Türkiye'nin 45 il merkezinde ve K.K.T.C'de izleyicinin beğenisine sunarak büyük alkış aldılar. Hem geçimlerini bundan sağlıyorlar hem de topluma vermek istedikleri pozitif mesajları bu şekilde ifade ediyorlar.

O artık başarılı bir profesyonel konuşmacı!

Seyfettin konuşamama sorununu çoktan çözdü. Ne de olsa kendi grubunun yönetim kurulu başkanı. Ayda en az 4-5 defa kalabalık önünde konuşma yapıyor. Oyunlarında yüzlerce kişiye oyuncularını takdim ediyor. Konuştuğu zaman konuşmasının içeriği bir yana, topluluk önündeki rahatlığı ve güzel konuştuğu için takdir topluyor. Bu konuda almış olduğu teşekkür belgesi bile var. O belgeyi gözü gibi koruyor ve, "10 yıl önce hayal edemediğim yerdeyim," diyor. Eşi de grubun sanat yönetmeni.

İNSAN İSTERSE, YÜZÜSTÜ YERE DÜŞTÜĞÜNDE, ELİNİN ALTINDA KALAN TOPRAĞI TUTARAK KENDİNİ KALKINDIRABİLİR!

Kop dağlarından kopup gelen, İstanbul'un "taşını toprağını" değerlendirerek büyük başarılar kazanan, Türkiye'nin en büyük gayrimenkul şirketi REMAX'a girdiğinden beri birinci olan, sonunda başarısı Türkiye sınırlarını aşınca ABD'ye "ödül" almaya giden bir gayrimenkul danışmanının öyküsüdür!

Amerika'ya ilk gelişiydi. Haftanın 6 günü adeta bir üniforma haline getirdiği takım elbiselerinden en şık olanını giydi. Önemli bir gündü ve belli etmemeye çalışsa da çok heyecanlıydı.

8 bin kişilik konferans salonunun kapısından içeri girdiğinde, heyecanı büsbütün arttı. Dev bir sahne, ışıl ışıl karşısında duruyordu. Gün onun günüydü. Sahneye çıkmanın zamanı gelmişti.

"Dünyada en çok gayrimenkul satışı yapan şirket" olan REMAX'ın, Dünya Kongresi'ndeydi. Başarı ödülü alacaktı. 2005 yılında Dünyadaki 100.000'i aşan RE/MAX çalışanı içinde satış başarısıyla 57. olmuştu. RE/MAX Türkiye'de ise yıllardır üst üste birinciliğini koruyordu.

Çok geçmeden ödül töreni başladı. Sahne gerçekten görülmeye değerdi. Ödül alacakların adı anons edilip sahneye çağrıldıklarında, inanılmaz ses ve ışık efektleri ile tansiyon yükseliyor, salonu masalsı bir heyecan kaplıyordu.

"Mister Hasan Can; from Turkey!"

Çok değil, birkaç yıl önce Anadolu'dan gelmiş, İstanbul'un semtlerini, sokaklarını ve caddelerini bile bilmeyen bir genç adamdı. İlk günleri gözünde canlandı bir an. Başına gelmeyen kalmamıştı.

Şimdi ise, İstanbul'da gerçekleştirdiği gayrimenkul satışı ile Amerika'da dünyanın en çok satışını yapanlar arasına giriyordu. İstanbul rüyası, inanılmaz bir hızla Amerikan rüyasına dönüşmüştü.

Karmaşık duygular içinde, yaşam muhasebesine girişmişken, beklenen anons duyuldu:

"Mister Hasan Can; from Turkey!"

Kendi halinde gibi görünen ama sıradışı enerjisi olan biriydi

Sahnenin arkasında, aynı ödülü alacaklarla birlikte sıraya girmiş, bu anı bekliyordu. Dizleri titriyordu, ama o yine de emin adımlarla ilerledi ve sahneye çıktı. Ödülünü RE/MAX'in kurucusu Dave Liniger'ın eşi Bayan Liniger'ın elinden aldı. RE/MAX Chairman's Club'e girmişti.

Hasan Can, sıradan görünüşlü, ancak sıradışı yetenekleri olan insanlardan biriydi. Bu görünümün altında patlamaya hazır bir volkanın gizli olduğunu, ateş saçan yeşil gözleri ele veriyordu.

Onu farklı kılan ve öne çıkaran, inanılmaz performansıydı. İniş çıkışları, delidolu yaşanmışlıkları, umutları ve hayal kırıklıklarıyla ilginç bir öyküsü vardı. İşte o öykü...

Kop Dağları'ndan kopup gelen adam!

1970 yılında Erzurum'da doğdu Hasan Can, 7 çocuklu tipik bir Anadolu ailesinin çocuğuydu. Zorluklarla ve yokluklarla okumuş, üniversite sınavında istediği bölüm olan Karadeniz Teknik Üniversitesi Jeoloji Mühendisliği'ni kazanmıştı.

Daha üniversite yıllarında, Kop Dağları'ndaki stajla başlayan madencilik serüveni, üniversiteden sonra da devam etti. Dağlarda kromun izini sürerken, kendince geliştirdiği yöntemlerle, gün yüzüne çıkardığı rezervler, onu daha 20'li yaşların ortalarında, maden ocaklarında ilgi çeken biri haline getirmişti. Zamanla çeşitli nedenlerle madenciliği bırakarak, İstanbul'a gelmeye karar verdi.

İstanbul'a ilk geldiğinde Osmanbey'de bir arkadaşına ait, bir oda bir salon, küçük bir evde kalıyordu. RE/MAX ile eşinin bir arkadaşı kanalıyla tesadüf eseri tanıştı. RE/MAX'ın gayrimenkul danışmanlığı eğitimlerine katıldı ve bir ofiste çalışmaya başladı.

Ya başaracak ya da bu büyük şehirden gidecekti

İstanbul'a geleli 8-10 ay olmuştu. Evliydi, kendisini destekleyen bir eşi vardı ama parası yoktu. Büyük şehirde tırnaklarıyla kazıyarak tutunmaya çalışıyordu. Neredeyse tüm sermayesini tüketmiş, bir arkadaşından borç alarak iş yapabilir hale gelmişti. Ya başaracaktı, ya bu büyük şehirden gidecekti...

Bir büyük iş bitirip her şeyi tersine çevirmeyi çok istiyordu. İstemekten öte buna mecburdu. Aradığı fırsat karşısına çıktı çıkmasına ama yaşadıkları film olacak cinsten bir "unvan maçı"na dönüştü.

Hasan Can, hayatının unvan maçını anlatıyor

İçinde umut, hayal kırıklığı, tekrar tekrar deneme, insana dair inançların sorgulanması, "akıl tutulması" olan ama sonuçta başarıyla sonuçlanan bu ilginç olayı Hasan Can'dan dinleyelim:

"Varlıklı bir ailenin kızı olan Bayan C, evlenecekti ve eşiyle birlikte yaşayacağı bir müstakil ev arayışı içindeydi. Bahçeli, orman manzaralı, havuzlu, kapalı garajlı, 500 metrekare kullanım alanlı, site içerisinde, müstakil bir ev istiyordu. Onunla bir danışmanlık sözleşmesi yaptık. İstediği gibi bir ev bulursam bana hizmet bedeli olarak belli bir komisyon ödeyecekti.

Ulus'tan Yeniköy'e değişik semtlerde farklı konseptlerde ev gösterdikten sonra hanımefendinin ne istediğini net bir şekilde algıladım. Onun istediği ev bendeydi ve Acarkent'teydi. Ama bir sorun vardı. Onun Acarkent'ten nefret ettiğini, kapısından içeri girmek istemediğini biliyordum.

Gözünü bağlayıp, evi göstermeye götürdüm!

Bir gün ona, "Aradığınız eve tıpa tıp uyan bir ev var elimde, ama gözlerinizi bağlayarak götürüp size sürpriz yapmak istiyorum," dedim. Gözleri bağlı halde götürüp, evin kapalı garajından içeri soktum ve evin bahçesinde gözlerini açtırdım. Yağmur yağıyordu, bahçe mükemmel görünüyordu. Tam istediği gibiydi.

"Tamam istediğim bu," dedi. Hemen annesini aradı. "Bir ev buldum, muhteşem, hemen buraya gelip bakman lazım," dedi. Sonra bana dönüp, "Burası neresi?" diye sordu. "Acarkent," dedim!

Yüzünde istediği gibi bir evi istemediği bir yerde bulmuş olmanın şaşkın sevinci vardı. O evden daha önce söz etmiş olmama rağmen, Acarkent'te diye gelip görmek bile istememişti.

Ev sahibi, akşam eşimle konuşayım dediyse, sorun var demektir

Annesi geldi. Fiyatını sordu, 950 bin dolar dedim. Pazarlıksız fiyatı kabul edip, derhal mal sahibiyle görüşüp bu işi bitirmek istediğini söyledi.

Ben de mal sahibinin Güney Afrika'da olduğunu, saat farkının olmadığını, hemen telefonla temasa geçip süreci başlatabileceğimizi söyledim.

Evin sahibi, uluslararası bir şirkette yönetici olarak çalışan Çetin Bey'di. Kendisi evi satmak için bana yetki verirken, evinin bu fiyata satılabileceğine inanmıyordu. Güzel haberi vermek için, hemen Çetin Bey'i aradım.

"Çok teşekkür ederim Hasancım, alıcılara da teşekkür ederim, akşam eşimle konuşup sabah döneyim," dedi. Mesleki tecrübemle "akşam eşimle konuşayım"ın sorun anlamına geldiğini hissediyordum!

Kötü bir şeyin olmaması için içimden dua ediyordum.

Duygusal olarak dibe vurduğum bir an yaşandı

O gün atlayıp İzmir'e, babasıyla görüşmeye gittim. Babasını ikna ettim. Çetin Bey'i tekrar aradık. Çetin Bey tekrar sabah arayacağını söyledi. İstanbul'a döndüm.

Bir gün sonra Bayan C'nin annesiyle buluşup Çetin Bey'i aradık. Çetin Bey özür dileyerek evi satamayacağını söyledi.

O an başımdan aşağı kaynar sular döküldü. Sanki tüm enerjim boşalmıştı. *İnsanlara inancımı, hayata ve mesleğime bakışımı sorgulamaya başladım. Duygusal olarak dibe vurma durumu yaşadım.*

Bayan C'nin annesi telefonu aldı. Çetin Bey'e, "Mesele paraysa problem değil, gerekirse biraz daha fazla verelim," dedi. Çetin Bey yine kabul etmedi. "İsterseniz komşularımla konuşabilirim sizin için, belki onlardan satan olur," dedi.

Evin etrafında kamp kurup çevredeki evlerin kapısını çaldım

Bayan C'nin annesi ile oturup ne yapacağımızı konuştuk. Afrika'ya gidip Çetin Bey ile yüz yüze görüşmeye karar verdik. Güney Afrika'ya birkaç gün sonrasına bilet bulundu, biletler aldırıldı.

Umudum hem bitmişti hem de biraz vardı. *Bana göre dünyada her şey satılıktır ve bu ev de satılabilmeliydi.* Bir yandan uçuş gününün gelmesini beklerken, bir yandan da evin önüne kamp kurdum.

Evin site içindeki seri numarası B1 idi. O sırada yan yana 7 tane aynı bahçe büyüklüğü ve manzaraya sahip ev vardı. B1'den B7'ye kadar tüm evlerin teker teker kapılarını çalıp mal sahipleriyle görüştüm.

Müşterimden ve bütçesinden bahsedip, evlerini satıp satmayacaklarını sordum. Müşterim bir an önce taşınmak zorunda olduğu için, diğerleri bu kadar kısa sürede satmaya hazırlıklı değildi. Kabul etmediler.

İnanıyorum ki, savaşı savaş meydanında kazanırsın

Bu seriye o kadar konsantre olmuştum ki, onun dışındaki alana karşı adeta körleşmiştim. Ofisimde duvara asılı olan site haritasına bakarken bile sadece B1'den başlayıp B7'ye, yani sağa doğru düşünüyordum, onun öncesi hiç aklıma gelmiyordu.

Bir gün yine sokağın köşesinde oturmuş düşünüyordum. İşi çözmek için yollar arıyordum. Düşünürken de mekânın önünde duruyordum.

İnanıyorum ki savaşı savaş meydanında kazanırsın. Evin karşına geçmiş eve bakıyordum, sigara üstüne sigara yakıyordum, düşünüyor ve eve bakıyor, evin önünde resmen volta atıyordum.

Bir yandan niye olmadı diye kendimi sorgularken, bir yandan da neyin yapılması gerektiğini düşüyordum. Çetin Bey'i ikna edecek sihirli sözcükleri arıyordum.

Yeni bir ev buldum ama bir kez daha yıkıldım

Bir ara alt komşunun bahçıvanı ile köpeği çıktı. O anda şok oldum! Nasıl da görememiştim! B1-B7 arasına o kadar kilitlenmiştim ki, B1'den alt kısımda kalan ve seri numarası B184 gibi farklı bir dizilişe sahip olan yeri görmemiştim.

Bahçıvan beni tanıdığını, kendi evlerinin de mal sahibi tarafından satılabileceğini söyledi. Bu cümle ile yine kendime geldim.

Bir yandan olayın şaşkınlığını yaşıyor, bir yandan nasıl fark edemedim diye kendime kızıyor, bir yandan da yeni bir yol bulmanın sevincini yaşıyordum.

Hemen mal sahibine ulaştım. Mal sahibi Gülfem adlı bir hanımefendiydi. "Seninle çalışmak isterdim ama bugün bir emlakçı evimi bir müşteriye gösterdi ve biz fiyatta anlaştık, 800 bin dolara," dedi. Ben bir defa daha yıkıldım.

"Yoksa evinizi satın almak isteyen Bayan C miydi?"

"Yoksa evinizi satın almak isteyen Bayan C miydi?" dedim. "Evet," dedi. Bir kez daha yıkıldım. Ama yılmamalıydım, hemen kendimi topladım. Kaparo alıp almadığını sordum. Yarın vereceklerini söyledi.

Daha önce günde altı-yedi defa görüştüğüm, yaklaşık bir ay boyunca şehrin altını üstüne getirip onun için ev aradığım

Bayan C, telefonlarıma çıkmıyor, görüşmemek için bahaneler buluyordu.

Gülfem Hanım'a ısrarla beni dinlemeden, o müşteriye evet dememesini, yarım saatini bana ayırırsa, kendisiyle mutlaka yüz yüze görüşmek istediğimi söyledim. Kabul etti. *Giderken yüreğimde fırtınalar vardı ama kafam bomboştu. Gidip olanları ve durumumu tüm samimiyetimle anlatmayı düşünüyordum.* Gülfem Hanım'la karşılaşınca, onun da çok samimi bir insan olduğunu, samimi bir şekilde her şeyi anlatmanın en iyi çözüm olacağını anladım.

Olan biten her şeyi tüm samimiyetimle anlattım

2,5 saatlik bir görüşmede her şeyi anlattım. Bayan C'yi Acarkent'e gözünü bağlayarak getirdiğimi, neden Gülfem Hanım'ın evini göremedim diye kendime kızdığımı, bu ev bensiz o insanlara satılırsa İstanbul'da tükenişimin olacağını, bunu kolay kolay atlatamayacağımı tüm samimiyetimle anlattım.

Evinin ucuza gittiğini, benimle bir protokol yapması durumunda evi 900 bin dolara satabileceğimi de anlattım. İkna oldu. Protokol yaptık. "Lütfen ev ile ilgili sizi arayanları bana yönlendirin," dedim.

Gergin günlerden sonra ilk defa rahat uyuduğumu hatırlıyorum. Ertesi gün Bayan C, Gülfem Hanım'ı aradığında, Gülfem Hanım benden bahsedip, muhatabın ben olduğunu söylemiş. Bayan C beni aradı!

Ben de evin fiyatının 900 bin dolar olduğunu ve kaderin bizi tekrar karşı karşıya getirdiğini söyledim. Bayan C biraz kızgın, biraz utanmış bir haldeydi. Fiyata kızıp telefonu kapattı.

Hemen kapsamlı bir pazarlama projesi oluşturdum

Gülfem Hanım'a verdiğim sözü tutmak için hemen evi kapsamlı bir şekilde pazarlamaya başladım. Binlerce broşür bastırdım. Boğaz, Acarkent ve Beykoz konakları çevresine dağıttım. Cebimdeki son parayı da bu evi satmak için harcadım.

RE/MAX'ın gayrimenkul tanıtım stratejilerine göre yaptığımız tanıtımlar işe yaradı. Şen Keçeci adlı bir hanımefendi, Vaniköy'deki yalısını satıp, bahçeli bir eve geçmek istiyordu. Beykoz Konakları'ndaki bir ev için beni aradı. O da Acarkent'te yaşamak istemiyordu. İki günlük ısrarımla, evi görmeye razı oldu. Bayan C'nin de görmek istemediğini ama görünce fikrinin değiştiğini anlatınca kabul etti.

Şen Hanım geldi, evi gördü ve, "Tam istediğim ev," dedi. *Ben ilk 6 saniyede anladım alacağını. Gözlerinde gördüm.* Dilimi ısırarak sevindim. Bir yandan kendimle gurur duyarken, bir yandan da yine bir aksilik çıkar mı acaba diye tedirgin oluyordum.

Tam biz anlaşmayı yaparken, evin hizmetçisi telaşla içeri girdi!

Şen Hanım yalısını satmıştı ve bir ay içinde yalıyı boşaltmak zorundaydı. Bu süre içinde Gülfem Hanım'ın başka bir yere taşınıp taşınmayacağını ısrarla sordu çünkü eğer yalısını tahliye etme tarihini geçerse, her gün için 3000 dolar ceza ödeyecekti.

İkisini görüştürdüm. 30 günde tahliye sözünü de içeren bir protokol hazırladık. Kaparo miktarını ve ödeme şeklini kararlaştırdık. *Yazılı anlaşmayı yaparken, evin hizmetçisi telaşla içeri girdi. Gülfem Hanım'ın kulağına bir şeyler söyledi!*

Gülfem Hanım'ın yüzü bir anda kireç gibi oldu. Eli ayağı titredi. Önce ayağa kalkıp, sonra oturduğu koltuğa yığıldı.

Ben oturduğum yerden fırladım. Banyoya yüzünü yıkamaya götürdük. Misafirler şaşkın ve endişeli bir şekilde bize bakıyordu. Gülfem Hanım'a ne olduğunu sordum, eşi Önder beyi kaybettiğini söyledi.

Bu defa verasetin intikali sorunu bizi bekliyordu

Kendinizi benim yerime koyun, siz olsaydınız böyle bir durumda neler hissedersiniz? Ona ölenle ölünmeyeceğini anlatıp teselli etmeye çalıştım. İçerideki alıcıların bu durumu bilmemesi gerektiğini, bu durumun caydırıcı olabileceğini, usturuplu bir şekilde söyledim.

Neyse ki Gülfem Hanım çok metanetli biriydi. Acılarını içinde yaşayıp, konuklarından özür dileyerek kötü bir haber aldığını söyleyip müsaade istedi.

İşler bir defa daha karışmıştı. Bu defa veraset intikali olması gerekiyordu. Evin tapusu Gülfem Hanım ve eşinin üzerineydi. Gülfem Hanım'ın iki kızı vardı. Biri ABD'de biri Türkiye'de yaşıyordu. Veraset intikali için, ABD'deki kızının gelmesi veya annesine vekalet vermesi gerekiyordu. Zaman daralıyordu.

Şen Hanım, sanki hissetmiş gibi kötü giden bir şeyler olup olmadığını soruyordu. Ben de sürekli durumu idare ediyordum.

Birini bir telefona her beş dakikada bir mesaj atmak üzere görevlendirdim

Gülfem Hanım'ın Amerika'daki kızı, babasının ölümünden dolayı yaşadığı derin acıyı biraz olsun hafifletmek için eşiyle beraber İspanya'nın Pirene dağlarına gitmişti. Kaldığı oteli ne annesi ne de biz biliyorduk. Sadece bir cep telefonu vardı ama o da sürekli kapalıydı.

Hemen ofisimden birini odama çağırdım, ona bir metin yazıp verdim. "Senin işin akşama kadar her beş dakikada bir bu telefonu aramak ve mesaj atmak," dedim. İkinci günün akşamına doğru görevlendirdiğim kişi kıza ulaşmış, yazdığım metni aktarmış ve beni aramasını söylemiş.

Kızı beni aradı. *Bir kez daha direkten dönmüştüm.* Türk konsolosluğuna gidip derhal bir vekalet göndermesini istedim. Birkaç gün içinde UPS ile vekaleti gönderdi. Sanki işler yoluna girmiş gibiydi. Tek problem Gülfem Hanım'ın taşınacağı bir ev bulmaya kalmıştı. Onu da zaten kafamda tasarlamıştım.

Bir yandan artık oldu diye rahatlıyor, diğer yandan nazar eder miyim diye geriliyordum

Cenaze merasimi sessiz sedasız bitmiş, kızının vekaleti hallolmuş, tapu yapacak aşamaya gelinmiş durumdaydı. Şen Hanım'a söz verdiğimiz sürenin dolmasına da birkaç gün kalmıştı.

Bir yandan artık her şey yoluna girdi diye rahatlıyor, bir yandan da kendi kendime nazar eder miyim diye düşünüyordum. Hâlâ gergindim. Neredeyse üç aydır bir tane evin satışı üzerine çalışıyordum. Satamazsam bu şehirde sonum olacaktı.

Tapu günü geldi. Tapu işlemini halledip, para transferi için bankaya gittik. O an bile tedirgindim. Bu son aşamaydı, acaba bir aksilik çıkabilir miydi?

Meğer gizlediğimi düşündüğüm şeyi, en başından biliyormuş!

Bankada karşılaştıklarında Şen Hanım, Gülfem Hanım'a taziyelerini bildirmeye başladı. Meğer bu süre içerisinde iş bozulur diye sakladığım gerçeği, Şen Hanım ikinci günden itibaren gazete ilanlarından biliyormuş. Bankada tam bunu söylerken, hemen yanlarından uzaklaştım!

Şen Hanım, Gülfem Hanım'a ödemesini yaptı. Hayatımı kurtaran, büyük minnet duyduğum Gülfem Hanım, bir kez daha büyüklüğünü göstererek anlaştığımız hizmet bedelinin neredeyse iki katının ödenmesi için bankaya talimat verdi.

O an sadece parayı değil, üç ay önce kaybettiğim bazı duyguları, insanlara olan inancımı ve güvenimi de kazanmış oldum. Şimdiye kadar 300'ün üzerinde villa sattım. O ev benim kariyerimde dönüm noktasıydı.

O para İstanbul'da tutunmamı ve bugünlere gelmemi sağladı."

O azmetti ve başardı, sizi engelleyen ne?

Bu zaferle Hasan Can hayatının unvan maçını kazanmıştı. Zamanla Acarkent'te kendi RE/MAX ofisinin sahibi oldu. Girişte anlatılan ödülle de yetinmedi. Dünya sıralamasında ilk 10'a kadar yükseldi.

Türkiye'nin en çok gayrimenkul satan şirketi RE/MAX'ın, hem toplam ciro hem de yapılan işlem sayısı (adet) kriterine göre "en başarılı" gayrimenkul danışmanı oldu. Bununla da yetinmeyip 5 yıl üst üste bu ünvanını sürdürebildi.

O da yokluktan geliyordu ama ekmeğini emlaktan çıkardı. İstanbul'a geldiğinde, imkansızlıklar ve dezavantajlarla çevriliydi hayatı. Tüm bunlara "rağmen" o azmetti ve başardı.

Engeller ve eksikler karşısında, söylenmek mi, gidip bir şeyler yapmak mı?

Siz hangisini seçiyorsunuz?

Yazan: Bülent Kızanlık

İNSAN İSTERSE, SOKAK LAMBASINDA DERS ÇALIŞAN YOKSUL BİR AİLENİN ÇOCUĞUYKEN O ÜLKENİN BAŞBAKAN YARDIMCILIĞINA KADAR YÜKSELEBİLİR!

20 yılı aşkın süredir ülke yönetiminde söz sahibi olan Cemil Çiçek'i, Yozgat'ın bir köyünden siyasetin tepesine çıkaran neydi? Sokak lambası ışığında ders çalışan, ilk lastik ayakkabıya ilkokuldan mezun olduğunda sahip olan Cemil Çiçek'in hayatı yokluklarla doluydu ama o, 'yok' olanı 'var' etmeyi başaranlar arasında yerini aldı.

Cemil Çiçek, Yozgat'a 21 kilometre mesafede bir Türkmen Köyü olan Musabeyli Boğazı Köyü'nde dünyaya geldi. Babası Hacı Ahmet Bey rençberdi. Ama bir süreliğine Musabeyli Köyü'nün imamlığını da yaptı.

11 kardeşin en büyüğü olan Cemil Çiçek doğduğunda babası Hacı Ahmet Çiçek askerde olduğu için nüfus cüzdanı ancak bir yıl sonra çıkarılabildi.

11 kardeş 2,5 odalı bir evde büyüdü

Cemil Çiçek'in doğduğu 40'lı yıllarda İkinci Dünya Savaşı'nın etkileri Türkiye'yi de sarsıyordu. İlkokulu kendi köyünde okuyan Cemil Çiçek, ortaokula gidebilmek için yaşını büyüttürmek zorunda kaldı. Çiçek'in doğum tarihi nüfus cüzdanına bu kez 1946 olarak yazıldı.

Yokluklar içinde yaşıyorlardı. 11 kardeş 2,5 odalı bir evde büyüdü. Hayatta 6 kardeşi olan Cemil Çiçek, diğer dört kardeşini çocuk yaşlarda çeşitli hastalıklardan kaybetti.

5 yaşında yetim kalan babası Hacı Ahmet Çiçek, hep okumak istemişti, ancak okuma idealini büyük oğlu Cemil üzerinde gerçekleştirdi.

Cemil Çiçek, öğrencilik yıllarında çok parlak bir öğrenciydi. Doğduğu Musabeyli Boğazı Köyü Yozgat kent merkezine sadece 21 kilometre uzakta olmasına rağmen *şehri ilk kez ortaokula yazılmak için gittiğinde gördü.* Radyo ile ilk kez 8 yaşında tanıştı.

Sokak lambası ışığında ders çalıştı

Cemil Çiçek'in ailesinin bir kısmı Cumhuriyet Halk Partili olmasına rağmen babası Demokrat Parti'ye yakındı. Baba Hacı Ahmet Çiçek, rençber olarak hayatını kazanırken, Cemil Çiçek'in diğer kardeşleri yaz aylarında Edirne ve Kayseri'de mevsimlik işçi olarak çalıştı.

Hacı Ahmet Bey kararını vermişti. Okumaya istekli oğlunu gidebildiği yere kadar okutacaktı. Ama köyde ilkokuldan başka okul yoktu. Cemil Çiçek'i ortaokulu okuması için Yozgat'a gönderdi. *Çalışkan bir öğrenci olan Cemil Çiçek, sadece bir odada sobanın yandığı evde gaz lambasının ışığında ders çalıştı. Akşam saatlerinde ise derslerini belediyenin sokak lambasının ışığında yaptı.*

Yokluklara rağmen okuldan birincilikle mezun oldu, ödülü bir çift lastik ayakkabıydı

Ama bütün bu yokluklar küçük Cemil'i yıldırmadı.

Ortaokul ve liseyi Yozgat'ta bitiren Cemil Çiçek, okuldan birincilikle mezun oldu. Babası sınıfını başarıyla geçme hediyesi olarak ona *bir çift lastik ayakkabı* aldı.

Sırtında yeni bir ceket yoktu, ayağındaki ayakkabının tabanı parçalanmıştı, kış gecelerinde yatağına üşüyerek girerdi, elektriksiz odalarda okumaya çalıştı. Cemil Çiçek tüm bu olumsuzlukları görmezden gelip hedefe kilitlendi.

Lise yıllarında dışarıdan hukuk fakültesini bitirmeye çalışan bir hocasının yazılarına yardım ederken hukukla tanışan Çiçek, lise biter bitmez hukuk fakültesine gitmeye karar verdi. 1965 yılında İstanbul Ticaret Odası'nın başarılı öğrencilere verdiği bursla İstanbul Üniversitesi Hukuk Fakültesi'nde okumaya başladı.

Girdiği hukuk fakültesinden de birincilikle mezun oldu

Üniversiteyi de birincilikle bitirdi. İmkanları olmayan Anadolu çocuklarının, sahip oldukları en büyük imkanın derslerinde başarı kazanarak yükselmek olduğunu biliyordu.

Üniversite yıllarında anayasa kürsüsünde öğretim üyesi olarak kalmayı hedefleyen Cemil Çiçek, 1968 olayları nedeniyle bu amacını gerçekleştiremedi.

Çiçek, siyasetle üniversite yıllarında tanıştı. Talebe Derneği'nde faal olan Cemil Çiçek, hep sağ çizgide kaldı. Bunda Yozgat'ta büyümesinin yanında Cağaloğlu Yurdu'nun karşısında bulunan Milli Türk Talebe Birliği de etkili oldu.

Özal'la tanışması hayatını değiştirdi

Hukuk, Cemil Çiçek için çok önemliydi ama siyasetin cazibesine 35 yaşındayken kapıldı. Siyasete Turgut Özal'la başlamayı tercih etti. Siyah-beyaz televizyondan takip ettiği

Özal'la İstanbul'da bir apartman dairesinde tanıştı. Cemil Çiçek, 20 Mayıs 1983 yılında kurulan Anavatan Partisi'nin 37 kurucu üyesi arasında yer aldı.

O günleri öyle anlatıyor: *"Hayatımın yol ayrımı Turgut Özal ile tanışıp, birlikte çalışmaya başlamamdır. Özal parti kuracağını açıklayınca Halil Şıvgın ile birlikte İstanbul'a gittik. Özal, 'Seni kimden soralım?' deyince 'Yozgat'ta avukatım. Şehrin telefon rehberini alın istediğinize sorun' dedim. Meğer tam Özal'ın mizacına uygun cevap vermişim."*

Ancak Anavatan Partisi Milli Güvenlik Kurulu tarafından veto edildi. Veto kararından sonra siyasete dört elle sarılan Cemil Çiçek, 1983 seçimlerinde milletvekili olamadı. 1984 yılında yapılan yerel seçimlerde Yozgat Belediye Başkanı seçilen Çiçek, *15 belediye meclis üyesinin tamamının Anavatan Partisi'nden olmasını sağlayarak bir ilke imza attı.*

3,5 yıl belediye başkanlığı yapan Cemil Çiçek, 1987 yılında yapılan erken seçimlerde Anavatan Partisi'nden Yozgat milletvekili olarak parlamentoya girdi. Aynı yıl, Turgut Özal tarafından Devlet Bakanı yapıldı.

Semra Özal yüzünden küstü

İlk yıllarda Özal'a 'Turgut Abi' diyecek kadar yakındı.

1989 yılında İstanbul İl Başkanlığı'na Semra Özal'ın aday olmasıyla genel başkanıyla ters düştü. Turgut Özal için, *"Birilerinin sevmesinden, Özal'ın kızmasını yeğlerim. Onun kızması hayatımda daha öğretici oldu,"* derdi.

Semra Özal nedeniyle siyaseti bıraktı. Siyasetin yanında özel hobileri de olan Cemil Çiçek, ciddi bir baston koleksiyonuna sahip. İyi satranç oynuyor, bir dönem futbolla da ilgilendi. Fıkra okumayı ve anlatmayı çok seviyor, inanılmaz bir fıkra repertuarına sahip. İyi bir Türk Sanat Müziği dinleyicisi.

Anavatan hükümetinde kabinenin en dikkat çeken bakanları arasında yer aldı.

O bıraksa da, siyaset onu bırakmadı

Üç çocuk sahibi olan Cemil Çiçek, ANAP'ta siyaseti bıraktığında yeniden serbest avukatlığa döndü. Ama siyaset onu bırakmadı.

Siyasete veda ettikten 4 yıl sonra 1995'te bıraktığı yerden devam etme kararı aldı. Turgut Özal, Yıldırım Akbulut ve Mesut Yılmaz hükümetlerinde Devlet Bakanı olarak görev yaptı.

Fakat bir kez daha siyasetle arasındaki ipler koptu. Çünkü Anavatan Partisi yönetimi iki yıl sonra kurucuları arasında yer alan Cemil Çiçek'i, kesintisiz eğitim yasasına ret oyu verdiği gerekçesiyle 1997'de partiden ihraç etti.

Özal'dan öğrendiğiyle, Erdoğan'ı eğitti

Bu arada İstanbul Büyükşehir Belediye Başkanlığı döneminde yakından izlediği Recep Tayyip Erdoğan'la ilişkileri güçlendi. Sistemle daha barışık bir AKP'nin doğuşunda Cemil Çiçek tecrübesiyle yönlendirici oldu.

Kamuoyundaki imajıyla ilgili şu değerlendirmeyi yapıyor:

"ANAP'tayken Milliyetçi Muhafazakâr diye tasnif ederlerdi. ANAP'tan ihraç edildikten sonra bu sefer de liberal deniliyor. Bu algılama meselesi. Algılayanlar da, ben de, aynı yerde durmuyorum."

'Dava arkadaşları' ile birlikte FP'den ayrılıp AKP'yi kuran Çiçek, bu yeni ekibin "akil" hocalarından biriydi. Kendisini hükümet sözcülüğü, Adalet Bakanlığı ve başbakan yardımcılığına götüren yol böylece açılmış oldu.

Turgut Özal ile Tayyip Erdoğan'ın karşılaştırması

Çiçek, Özal ile Erdoğan'ı şöyle karşılaştırıyor:

"Özal siyasete girmeden evvel devleti tanıyordu; vatandaşı o kadar tanımıyordu; Başbakan Erdoğan ise aşağıdan geldi; önce halkı tanıdı, sonra devleti tanıyor."

Yozgatlı bir köylü çocuğu olarak başladığı yaşam serüveni belediye başkanlığından parti genel başkan yardımcılığına, milletvekilliğinden bakanlığa kadar yükselen bir grafikle sürdü.

Ama o en çok üniversitedeki akademik tartışma ortamlarını özledi. 68 kuşağından olmakla, onların idealistliğiyle övündü.

"İdealist olduğum yıllar talebelik ve siyasetin ilk dönemidir. Hizmet idealimiz var ama şimdi daha realistim. Özal'ın "Çuvalı patlatmadan arabadan indirmek lazım" sözü benim açımdan siyasette her zaman altın kıymetindedir. Hizmet edecekseniz realist olmakta fayda var."

İkna edici mantığı, en zor anlardaki sükuneti ve sağduyusu kendisini seven sevmeyen herkesin kabul ettiği yetenekleri arasında sayılıyor.

Hep "devlet bakanlığına" uygun görüldü

Cemil Çiçek, siyasete girdiği günden itibaren üç farklı partinin içinde yer aldı. Ama her seçimde, her hükümette Devlet Bakanlığı görevine layık görüldü. Bunun nedeni sadece liderlerle yakın dirsek teması olamaz. Çalışma azmini, enerjisini siyasete ara verdiği dönemlerde bile kaybetmeyip, sürekli kendini geliştirdi.

Çiçek'in dikkat çeken bir diğer yönü de, kabinenin "en derin adamı" olarak tanınması. Onun bu derinliği devletin üst kademesi ile yakın ilişki içinde olmasından kaynaklanıyor. Ankara basını Çiçek'in konumunu şu sözlerle yorumluyor:

"Cemil Çiçek, hükümetin özgül ağırlığı yüksek isimlerinden."

Gaz lambalı odada ders çalışırken hep daha ileriye bakan, okula gitmenin büyük şans olduğuna inanan, yokluklara rağmen ayakları üzerinde durmasını beceren Cemil Çiçek'in azmi onu devlet yönetimine taşıdı.

Benzer durumda olup da başarıyı yakalayamayacaklarını düşünenlerin Cemil Çiçek'in başarı öyküsünden çıkaracağı bazı dersler var.

Yazan: Nilüfer Kas

İNSAN İSTERSE, SİVAS'IN BİR KÖYÜNDEN YOLA ÇIKIP AMERİKA'DA "MÜTHİŞ TÜRK" OLABİLİR!

Bir adam düşünün; üç çocuğuyla birlikte 40 yaşından sonra başka bir ülkede yeni bir yaşam kurmayı göze alıyor. Sadece ayakta kalmayı değil, bir 'ilk'i de gerçekleştiriyor. Dünyanın dört bir yanındaki yatırımlarıyla adından söz ettiren Ali Rıza Bozkurt, Amerikan rüyasını gerçeğe dönüştüren Türklerin başında geliyor.

Ali Rıza Bozkurt, Sivas'ın Kangal ilçesinin Mamaş Köyü'nde doğduğunda takvim yaprakları 1944'ü gösteriyordu. Annesi köyün okuma yazma bilen tek kadınıydı. Meryem Hanım, tüm köylülerin mektuplarını okuduğu için sevilir, sayılırdı.

Yıllar sonra oğlunun Amerika'da kurduğu Merik Kültür, Sanat ve Eğitim Vakfı adını, köylülerin Meryem Hanım'ı 'Merik' diye çağırmalarından aldı.

Yarı kaçış, yarı arayışla başladı her şey

Ali Rıza Bozkurt, Anadolu'da eğitim görebilen şanslı çocuklar arasındaydı.

İlk ve ortaokulu Sivas'ta okudu. Âşık Veysel'in doğduğu topraklar türkülere yakın olmasını sağladı. Yıllar sonra Amerika'da bir plak yaptı. Plak için çaldığı sazı köyde amcası Veli Ağa'dan öğrendi.

Üniversite için İstanbul'a gelen Bozkurt, İstanbul Teknik Üniversitesi'nde inşaat mühendisliği okudu. Perihan Hanım'la evlendi, üç çocuk sahibi oldu.

Ali Rıza Bozkurt, İstanbul'da bir düzen kurdu. Çalıştı, ailesine ve çocuklarına baktı.

12 Eylül dönemindeki kargaşa onu alternatif aramaya itti. Sokakta çatışmaların yaşandığı bir dönemde çocuklarını daha güvenli bir ortamda yetiştirmek için Amerika'ya yerleşme kararı aldı. Ali Rıza Bozkurt'u Amerika'ya götüren 'bir rüyadan' öte bir 'kaçış'tı.

Kırkından sonra ülke değiştirmeye kalktı

Başka bir ülkede, 40 yaşından sonra tutunmak hele 80'li yıllarda hiç de kolay değildi. Ama o kendine, yeteneklerine güvendi, başaracağına inandı. Ve yıllar sonra Türk kamuoyu onu Amerikan rüyasını gerçekleştiren 'Müthiş Türk' olarak tanıdı.

Amerikan rüyası görenlerin örnek aldığı işadamı Ali Rıza Bozkurt, 20'den fazla ülkede inşaattan madene, petrolden ticarete kadar çeşitli alanlarda yatırım yaptı.

Ali Rıza Bozkurt, işadamlığının yanı sıra 18 yıldır Amerikan siyasetinin de içinde.

Mamaşlı, Yunus hayranı Ali Rıza Bozkurt 40 yaşından sonra Amerikalı oldu. Belki de bu yüzden Türkiye'de dostlarıyla rakı sofrasında iki kadeh içmeyi, Amerikan başkanıyla 40 gün aynı odada oturmaya tercih ediyor. Ama bu tercih sadece dostluk konusunda geçerli...

Saddam'ın askerleri onu da rehin aldı!

Çünkü Türkiye'de yatırım yapmama gibi bir prensibi var. Amerika'ya gittiği ilk yıllarda kendi kendine 'Türkiye'de asla iş yapmayacağım' diye söz verdi. Sadece işsiz Türkleri yurtdışına götürdü. *Yurtdışına Türkiye'deki güvensizliğin getirdiği baskıyla çıktığını hiç unutmadı.*

Ama bu güvensizlik sadece Türkiye'de değil, Ortadoğu'da da peşini bırakmadı.

Suudi Arabistan'da Mekke tünellerini yaptı. Ardından Kuveyt'te dünyanın en büyük elektrik projelerinden birini gerçekleştirdi. Proje inşaatında 5 bin kişilik 'çalışanlar geçici sitesini' kurdu. Bir sabah kalktığında Irak'ın devrik başkanı Saddam Hüseyin'in Kuveyt'e saldıran güçlerini karşısında buldu. *Saddam'ın ordusu işçileriyle birlikte onu da alıp götürdü.*

Irak'ın çeşitli askeri tesislerinde Amerika'nın ve müttefiklerin hava saldırılarına karşı canlı kalkan olarak rehin tutuldu. Günde çeyrek kuru ekmek ve su verildi. Bir süre sonra Turgut Özal'ın çabalarıyla esaretten kurtuldu.

Ali Rıza Bozkurt, Amerika'dan sonra dünyaya açıldı, Uzakdoğu'da da etkin bir işadamı oldu. Bu başarıları onun ülke yönetiminde bulunanlarla yakın dostluk içinde olmasını sağladı.

İki kez iflas etti. Her seferinde yeniden doğruldu

Ali Rıza Bozkurt'un var olmaya çalıştığı iş yaşamı engellerle doluydu. Hiçbir şey ona gümüş tepsi içinde sunulmadı. *İki kez iflas etti, sıfırı gördü. Kaybetmenin ne demek olduğunu öğrendi.* Her seferinde yeniden doğrulmayı başardı.

Bu başarıda eşi Perihan Hanım'ın ve aile düzeninin önemi büyüktü. Eşiyle birlikte büyüyen Perihan Bozkurt, bu iflasların birinde hayat arkadaşının kendisine aldığı altınları verip, *"Korkma, bana aldığın altınları satıp 6 ay daha idare ederiz,"* diyerek yanında olduğunu gösterdi.

Çocukları da aldığı kararlarda Ali Rıza Bozkurt'u hiç yalnız bırakmadı. İşadamının özel yaşamında kurduğu denge, iş hayatını pozitif etkiledi.

Başarı reçetesi: "Yüzde 10 birikim ve yetenek, yüzde 90 çalışmak"

Hem Amerika'daki hem Türkiye'deki çevresi onun bu müthiş başarısını yakından izledi, formülünü merak etti. Aslında formül basitti. Çünkü Ali Rıza Bozkurt'un başarı reçetesi, "yüzde 10 birikim ve yetenek, yüzde 90 çalışmak" şeklindeydi.

Çevresindeki gençlere, *"Yaşınız kaç olursa olun okumayı bırakmayın. Hiçbir işadamı pat diye bulunduğu noktaya gelmez. Her işadamı, ben de dâhil iki-üç kez sıfıra düşmüştür. Sıfıra düşmelerin üçü geçmemesinde yarar var! Eğer ilerleme çok dinamik ve hızlıysa iflasla karşı karşıya kalınıyor. Hiç korkmadan yaptığınız işe inanıp yolunuza devam edin,"* tavsiyesinde bulundu.

Ali Rıza Bozkurt inandıklarını sadece sözde bırakmadı. İş yaşamının getirdiği zenginliğe düşünsel dünyasındaki zenginliği de eklemek istedi. 57 yaşında yeniden üniversite okuma ihtiyacı duydu.

57 yaşında Harvard Üniversitesi'ne bağlı bir okula başladı

Bilginin kaynağına inmeyi seven Bozkurt'un, başarısının sırlarından biri de budur. Ekonomi ve politika boyutları olan bir kitap yazarken aklına bir sürü soru takıldı. Bu soruların yanıtlarını bulmak için işin kaynağına indi.

Ayrıca Amerika'da politika ile ilgilenince çok soru sorulduğuna, detaylı bilgin yoksa kısa zamanda ıskartaya çıkartıldığına şahit oldu. Siyaseti mektebinde okumak için 57'sinden sonra okullu oldu.

Harvard Üniversitesi'ne bağlı Kennedy School of Government'a kabul edildi.

Müzikle iç dünyasını zenginleştirdi

Bozkurt'un hayat programında 50 yaşından sonra para pulla uğraşmamak vardı. Zaten 55'ine geldiğinde işlerini profesyonellere devretti.

Amerika'ya gittiğinde sadece para kazanmak derdinde olmadı. İçsel dünyasını geliştirmek için de çabaladı.

Doğduğu toprakların getirdiği özelliklerini hiç kaybetmeyen Ali Rıza Bozkurt, çocukluğunda amcası Veli Ağa'dan öğrendiği saz çalma işini Amerika'da da sürdürdü. *Yunus Emre'nin 40 eserini kendi sazıyla pop türünde yorumladı.* Hatta bir adım daha ileri gidip, Amerika'daki genç müzisyenlerden oluşan bir koro eşliğinde plak bile yaptı.

Müthiş Türk'ün Hollywood'a Osmanlı motiflerini de gösteren müthiş sarayı

Ali Rıza Bozkurt, bir dönem Amerika'da yaptırdığı, Hollywood'a stüdyo olarak kiralamayı planladığı saray gibi binayla konuşuldu. Asıl mesleği inşaat mühendisliği olan ama mimarlıkla da uğraşan Bozkurt, Osmanlı'ya duyduğu büyük ilgiyi bu inşaata yansıttı.

Hollywood'un Los Angeles'e bakan tepesinde devasa bir ev yaptıran Bozkurt, İngiliz, Fransız, İtalyan, İspanyol salonlarıyla karma bir mimari olmasını arzuladı. Ayrıca bu saray Osmanlı'dan da izler taşıyor.

Ali Rıza Bozkurt Türkiye'ye geldiğinde Boğaz'daki yalısında yaşıyor. Ama bu kadar varlığa rağmen günlük hayatındaki mütevazılık tanıdıklara bile şaşırtıcı geliyor.

Türklerin "orijinal" zekâsı, Müthiş Türk'ü bile şaşırtıyor

Bozkurt Türkiye'ye her gelişinde hayretler içinde kalıyor. Belki de Türkiye'nin bu kadar bozuk düzen içerisinde nasıl bu kadar geliştiğini hayretler içinde izliyordur. Ülke insanının kötü yönetimi iplemediğini, sonunda ipi göğüsleyeceğini düşünüyor.

Bodrum, Türkbükü'nde denizin içine yapılan salların gündüz beach, gece restoran olarak kullanılmasına şaşıran Bozkurt, bütün dünyayı gezmesine rağmen bu kadar eğlenceli, renkli yer görmediğini söylüyor. Türkiye'de yaşayan Türklerin zekâsı, sık sık Amerika'da yaşayan Müthiş Türk'ü bile şaşırtıyor!

Ali Rıza Bozkurt'a göre Amerikan rüyasını gerçekleştirmek Türkiye'de aynı rüyayı gerçekleştirmekten daha kolay. Gerekçesi ise şöyle:

"Amerika'da dev şirketler eleman arıyor, ücretler ise tatminkâr. Bir genç işe girdiği gün villasını, arabasını satın alabiliyor. Çünkü 30 yıl borçlanma imkânı var. Bizde ise ancak ev ve araba sahibi olmak emekli tazminatıyla gerçekleşiyor. Amerika'da insanlar bunlara ömrünün sonunda değil, başında sahip oluyor. Müteşebbis az yetişiyor. Türk gençleri ise Türkiye'deki dinamizmi Amerika'da muhafaza ettikleri için işlerinde yükseliyorlar. Amerika'nın en parlak üniversitelerinde en parlak öğrenciler Türk. Artık 'Türk gibi akıllı' lafı etrafta söyleniyor. Fikir güzel olunca, dinamizm de eklenince Amerikan rüyası gerçekleşiyor."

Hiçbir şey için geç değil; 40'ında ülke değiştirip, 57'sinde üniversiteye döndü!

İş yaşamında müthiş başarılara imza atan, dünyanın dört bir yanında yatırımları bulunan Mamaşlı Ali Rıza Bozkurt'a göre Türkiye'deki girişimci ruhlar öldürülüyor. *Çünkü Türk ekonomisinin parasal olarak yüzde 50'si komünist ülkelerdeki gibi devlet elinde.* Özelleşememenin önündeki en büyük engel de oradan beslenen geniş bir güruhun olması.

Harvard Üniversitesi'ne bağlı Kennedy School of Government'ın dekan komitesinde görev yapan Bozkurt'un Mukayeseli Anayasa'dan, başkanlık sistemlerine, bağımsız gazetecilik modellerinden demokrasilerde ve Türkiye'de yolsuzluklara uzanan 19 kitabı bulunuyor. Bu kitapların çoğu İngilizce ve Fransızcaya çevrilmiş.

80'li yıllarda Türkiye'deki karışıklıktan kaçarak Yeni Dünya'da (Amerika) kendine yeni bir dünya kuran Ali Rıza Bozkurt, yapabildikleriyle insanlara moral verdi.

Bozkurt, 40'ından sonra para kazanmayı öğrendi. İki kez sıfırı gördü, yeniden ayağa kalkmasını bildi. 57'sinde üniversiteye döndü. Şimdi ise Amerikan seçimlerinde Kongre Üyeliği için yarışacak. Ali Rıza Bozkurt, dünya çapında başarı modeli arayanlar için doğru portrelerden biri...

Yazan: Nilüfer Kas

İNSAN İSTERSE, BAŞINA GELEN HER ZORLUKTAN KENDİNİ GÜÇLENDİREREK ÇIKABİLİR!

Buraya kadar, "güzel yurdumuzun" dört bir yanından yeşeren azim öykülerini anlattık. Sırada bir "Japon isterse" hikayesi var. Konosuke Matsushita'nın başardıkları gerçekleşme şekli bakımından Türkiye'nin dokusuna çok uyumlu bir başarı öyküsü.

Defalarca küllerinden doğan, 20. yüzyılın efsanevi girişimcisi sıradan bir köyde dünyaya geldi. O doğduğunda ailesi, köyün hali vakti yerinde ailelerindendi. Ama bu şansı fazla uzun sürmeyecekti.

Babasının aldığı bir dizi karar sonucunda ailesi sefalete sürüklendi. Sefaletin ardından hastalıklar çelimsiz vücudunu zorladı. Gençlik yılları önce kardeşlerini, sonra anne-babasını peş peşe kaybetmenin acılarıyla geçti.

Kimse onun büyük işler başarmasına ihtimal vermiyordu

Yıllar birbirini kovalarken en yakınları bile bir efsanenin doğmakta olduğunun farkında değildi. Nasıl olabilirlerdi ki... Son derece sıradan görünüşlü biriydi.

Onun ne sıradışı bir zekası, ne hayatta birkaç adım öne geçmesini sağlayacak diploması, ne tüm dikkatleri üzerine çekecek karizması, ne de doğuştan gelen üstün bir sanatsal yeteneği vardı.

İçinde olağanüstü bir azim gücü barındıran, son derece sıradan biriydi. Doğa ondaki gücü çok iyi kamufle etmişti!

Yaklaşık 400 bin çalışanı, yüz binlerce patent hakkı olan dev bir sanayi imparatorluğu kuran Konosuke Matsushita'nın, ondan daha iyi olduğu düşünülen diğer insanlardan daha başarılı olmasını sağlayan ne olmuştu?

Bu sıradan Japon'u, sıradışı bir başarıya taşıyan sırlardan biri, Nietzsche'nin, *"Beni öldürmeyen şey beni güçlendirir,"* sözünde gizliydi. Yediği her darbeden güçlenerek çıkmıştı.

Henüz dokuz yaşındayken çalışmaya başladı

Onun azmini anlamak için acılı çocukluk günlerine dönmek gerek. Köyünde iyi ün yapmış bir ailenin çocuğu olarak doğan Matsushita'yı, babasının ticari başarısızlıkları yüzünden çok zor günler bekliyordu.

Ailesi, babasının borsada tüm malvarlığını kaybetmesiyle birlikte yoksullukla tanıştı. Tüm mallarını satıp varoşta yaşamaya başladılar. Çocukları hastalıklar yüzünden birer birer ölmeye başladığında, tam bir dramın ortasında buldular kendilerini.

Dört erkek çocuktan sadece Konosuke hayatta kalabildi. Ailesinin tek umudu olması, hayatını kolaylaştırmak bir yana, omuzlarındaki yükü daha da artırdı.

İlkokulu bitiren Matsushita kendini yaşam mücadelesinin içinde buldu. Şehir dışında çalışan babası, bir gün eşine henüz 9 yaşında olan oğluna iyi bir iş bulduğunu bir mektupla 'müjdeledi'.

Karmakarışık duygular içinde, elinde küçük bir elbise bohçasıyla, küçük bir çocuk için son derece ürkütücü bir serüvene doğru yola çıktı. Osaka'ya, çalışmaya gidiyordu.

Varlıktan yokluğa düştü, bu durumu "gurur meselesi" yapıp yükseldi

O artık büyük bir şehir karşısında, küçük ve tek başına ayakta kalmak zorunda olan bir savaşçıydı. Minik başarı savaşçısı. Yenecek ya da yok olup gidecekti.

Giderken kafası sorularla doluydu. Acaba başına neler gelecekti? Kimlerin yanında çalışacaktı? Annesini bir daha görebilecek miydi?

Tek derdi kendisi de değildi. *Babasının hataları sonucu varlıktan yokluğa düşmelerini gurur meselesi yapan Konosuke, bir gün çok para kazanıp ailesinin onurunu kurtarmanın hayalini kuruyordu.*

Osaka'ya ulaştı ve çocuk elleri mesaiye başladı. Atölyeye dönüşmüş bir evde, patronu, patronun karısı ve üç çırakla birlikte çalışıp Japon mangalları imal etmeyi öğrenen Matsushita, mangal telleriyle birlikte sabrını da törpülüyordu.

Günde 16 saat çalışan Konosuke, ortama alışsa da kısa bir süre sonra bu işten ayrılmak zorunda kalacaktı.

Emsalleri bisiklete binip gezerken, o bisiklet satıyordu

Babası hızla ona yeni bir iş buldu.

10 yaşında yeni açılan bir bisiklet dükkanında ayak işlerine bakıyordu. İşi daha iyi olsa da, hayatında yoksulluğun istikrarlı menüsü egemenliğini sürdürüyordu.

"Öğünlerimiz esas olarak pirinç ve sebzeden ibaretti. Kahvaltıda beyaz turplu ya da başka bir salamura sebzeli pirinç, öğlen yemeğinde haşlanmış sebzeli pirinç, akşam yemeğinde yine salamura soslu pirinç. Her ay birinci ve on beşinci günde olmak üzere, iki öğ-

len yemeğinde sofrada balık olurdu. Yaşamımızda lüks denilebilecek hiçbir şey yoktu..."

Bir gün annesi Konosuke için yeni bir iş buldu. Bir büroda hademelik yapacaktı. Böylece hem anne şefkatine kavuşacak hem de akşamları yarım bıraktığı eğitimine devam edebilecekti. Ama sevinci kısa sürdü.

Oğlunun okul hayatına geri dönmesine ve hademe olarak çalışmasına karşı çıkan babası onun yolunu da çizmiş oldu. Babasına göre Konosuke'nin bir gün kendi işini kurabilmesi için iyi bir eğitim alması değil çırak olarak pişmesi gerekiyordu.

O da babasının kendine çizdiği bu yolda ilerlemeye başladı. Altı yıl çalıştığı bisiklet dükkanında satış yapmayı ve müşteri memnuniyetini sağlamayı öğrendi.

Günü geldiğinde gemileri yakmasını bildi

Hep boyundan büyük hayallerin peşinden gidecek olan Matsushita çok küçük yaşta sefaleti görmüş, işlerin her zaman istendiği gibi gitmediğini anlamış, yalnızlıkla sınanmıştı.

Kendisini birçok kez görüş mesafesi kısa sisli yollarda bulmuştu. Başarı yollarında yenilmeden ilerlemek için içgüdüsel olarak, risk almayı da öğrenmişti.

John P. Kotter onun bisikletçi dükkânından ayrılarak risk almasını şöyle anlatır:

"Ustası Godai'yle kalmış olsaydı, kendi dükkânının sahibi olacağı ve orta sınıf hayatı yaşayacağı bir yolda ilerlemeye devam edecekti. Ama böyle bir gelecek görüntüsü, anlaşılan onu tatmin etmiyordu. Daha fazlasını başarmak için, babacan bir kişiyle ilişkisini koparmaya ve çok daha belirsiz bir yolculuğa atılmaya hazırdı."

O da birçok başarılı insan gibi, hayatın dönüm noktalarına geldiğinde, katı kararlar almayı bildi. *Duygusal davranmadı ve ait olduğu yeri bulmak için mantıklı hareket etti.*

Hayatını aydınlatacak "ışığı" bulmuştu

Bisiklet dükkanını geride bırakıp bir elektrik şirketinde çalışmaya başladı. O dönemde elektrik günlük hayata yeni girdiği için bu işle ilgilenenler büyük saygı görüyordu. Birçok azim öyküsünde olduğu gibi, *insanların korkarak yaklaştığı bir alana cesurca girdi.*

Kendisine ampulün mucidi Thomas Edison'u örnek alan Matsushita, bu işte kısa sürede ilerledi. Henüz 16 yaşındayken diğerlerini yönlendirebilir konuma getirilmişti. İçlerinden bazıları ondan 4-5 yaş büyüktü.

Osaka Light'da geleceği çok parlak görünmesine rağmen o burayla olan ilişkisini de kesti. *Ayrılma kararı vermesinde 'pozisyonunun tatmin edici olmaması' kadar boş zamanlarında geliştirdiği yeni duy modelinin şefleri tarafından 'işe yaramaz' diye beğenilmemesi de etkili olmuştu.*

Büyük bir hayal kırıklığına uğrayan Matsushita, ya şefini dinleyip umutlarını yüreğine gömecekti ya da hayalinin peşinden gidecekti. Başkalarının yanında pişme süresinin dolduğunu gören Matsushita, tercihini kendi yağıyla kavrulmaktan yana kullanacaktı.

Eşinden de aldığı destekle şeflerinin işe yaramaz dediği duyu daha da geliştirip hayallerini gerçekleştirmek için belirsizliklere yelken açtı.

İlk "fabrikasını" iki odalı dairesinde kurdu!

Matsushita'nın ilk "fabrikası" onun iki odalı dairesinde kuruldu.

Çalışma ve yaşama için mevcut olan alan sadece 12 metrekareydi. Hiçbir gelir olmadan, son derece sınırlı bir sermayeyle girişimcilik yolunda ilk adımını atan 22 yaşındaki Matsushita'nın tek avantajı 13 yıllık tecrübesiydi.

Ama tek başına tecrübe de işleri kolaylaştırmaya yetmeyecekti. *Kendi geliştirdiği ampul duylarını imal etmeye başlayan Matsushita'nın numuneleri beklenen rağbeti görmedi.* Küçük ve finansman gücü olmayan bir firmaydılar. Müşteri adaylarına sunabilecekleri bir referans listeleri bile yoktu. Güven vermeleri çok zordu. Ayrıca ellerindeki ürünler, piyasada bulunmayan bir şey değildi.

Kısa bir süre sonra beş kişilik kadro üç kişiye düştü. İhtiyaç duydukları parayı elde etmek için elbiselerini, eşyalarını rehin verdiler. Pes etmediler ve deliler gibi çalıştılar. Yanında çalışan kayınbiraderi Toshio Iue onun için şöyle diyor:

"Genç Matsushita'nın çok zeki ya da çok yetenekli bir adam olduğunu sanmıyorum. Ama çalışma şevki olağanüstü derecede yüksekti."

Daha hayatı yarılamadan, annesini, babasını ve 9 kardeşini kaybetti

O hayata meydan okuma konusunda cesaretini korusa da, kader ağlarını ayaklarına doluyordu.

Aile onurunu geri kazanma yolunda emin adımlarla ilerlerken, gittikçe yalnızlaşıyordu. *Öyle ki 27 yaşına geldiğinde anne ve babasının yanı sıra 9 kardeşinin hepsini kaybetmişti.*

Bütün bunlar yetmezmiş gibi, başka bir felaket kapıdaydı. *Tek erkek çocuğunu da bir yaşındayken kaybeden Matsushita, trajediler ve hastalıkların yıprattığı sinirlerini, bir müzik aletinin tellerini akord eder gibi, yeniden düzenlemek zorunda kalacaktı.*

Psikolojik olarak yıkıldığı her dönemi işine dört elle sarılarak atlatan Matsushita, sevdiklerini bir bir kaybetmenin acısını da böyle atlattı. Kendisini daha çok çalışmaya vurdu.

Başarısızlık karşısında 'pes etmeyecek' kadar çelikten bir iradeye sahip olan Matsushita, başarıyla da yetinmeyenlerdendi. İlk siparişlerin alınması ve işlerin yoluna girmesiyle temkinli adımlar atıp küçük kalmak yerine risk alarak büyümeye devam etti.

"Daha iyi ama daha ucuz ürünler" geliştirme mantığını benimseyen Matsushita, evinde kurduğu şirketi kaplumbağa adımlarıyla da olsa günden güne büyütmeyi sürdürdü.

Ekonomik krizi zekice bir hamleyle, avantaja çevirdi

1930'lu yıllarda, büyük ekonomik buhranın etkisini dünya tüm acımasızlığıyla yaşıyordu. O günlerde Matsushita da hasta yatağındaydı. Şirketleri zordaydı.

Yöneticilerinin krizden çıkmak için işçi çıkarmayı düşünmeye başlamaları, onun hızla toparlanmasını sağladı. *Trajedilerin yıkamadığı Matsushita, risklere meydan okuyarak krizi fırsata çevirmesini bilecekti. İşçi çıkarmak yerine üretimi yarı yarıya azaltan ve geri kalan zamanlarda işçilerini ürettikleri malları satmaya yönlendiren Matsushita, küçülmek bir yana 1930'lu yıllarda da fabrika açmayı sürdürdü.* Zekice bir hamleyle büyük bir zorluğu yenmişti.

Kurduğu şirketlerde büyümenin yerini hantallaşmaya bırakmaması için gruplara göre yönetim anlayışına geçti. Rekabetin kamçılayıcı gücünü bildiği için kendi eliyle rakipler yarattı. Radyo üretiminde patent tekelini elinde bulundurmasına rağmen bu hakkı ücretsiz olarak herkesin kullanımına açarak bir kez daha herkesi şaşırttı.

Kendine suyu örnek alarak başarısını büyüttü

Yönetici olarak kendini sürekli geliştiren Matsushita, 1930'lu yıllarda şirketini kurumsallaştırıp 'stratejik yönetim dönemini' başlattı.

Şirketinin misyonunu 'su gibi üretim yapmak' diye tanımladı.

"Bir üreticinin görevi, daha çok ve daha ucuz üreterek yoksulluğun üstesinden gelmektir. Su gibi üretim yapmalıyız. Su, herkesin satın alabileceği kadar ucuz biçimde üretilip dağıtılan bir ürün. Girişimcilerin hedeflemesi gereken şey; tüm ürünleri musluk suyu kadar bol ve ucuz yapmak olmalıdır."

Panasonic başta olmak üzere pek çok dünya markasını yaratan Matsushita, sıfırdan başlayıp zirveye bayrağını diktiğinde takvimler 1940'lı yılları gösteriyordu.

Artık başarmıştı. Ve hikayesi *'ömrünün sonuna kadar başarısının ve servetin tadını çıkararak yaşadı'* diye devam edebilirdi. Ama öyle olmadı... Tam huzura ereceği sırada, yeniden sıfırı görecekti.

Tüm servetini kaybetti, 'sil baştan' zirveye çıktı

Japonya'nın İkinci Dünya Savaşı'nda yenilenler cephesinde yer almasıyla birlikte dişiyle tırnağıyla kazıyarak kurduğu şirketi elinden alınıp gitti. Tüm mal varlığına el konuldu ve başladığı noktanın bile gerisine düştü. Yeniden yoksuldu. Üstüne üstlük milyon dolarlarla ifade edilen borçları vardı.

Yeniden sıfır noktasına dönmüştü ama başarılı olmayı bir kez öğrenmiş biri olarak tekrar zirveye çıkması bu kez zor olmayacaktı. *Önemli olan başarının mantığını bilmekti, gerisi teferruattı.*

Başarısının tesadüf olmadığını ikinci kez zirveye yükselerek kanıtladı. Mal varlığını geri alabilmek için giriştiği mücadeleyi de kazandı. 1950'li yıllarda adeta küllerinden yeniden doğdu. Üstelik daha da güçlenmiş olarak.

Yeni ürün geliştirilmesine büyük önem veren Matsushita'nın yönetim anlayışı da *sürekli gelişme ve asla mevcutla yetinmeme* üzerine kuruluydu. Kurduğu şirketlerin dinamik yapıda olmasına önem veren Matsushita, esnek üretim ve esnek rekabetin ilk uygulayıcılarındandı.

Tüm zamanların en esinlendirici kişiliklerinden biri oldu

Çıraklıktan dünya çapında başarıya yükselen Matsushita'nın en çok örnek alınan kişiliklerden biri olmasının sırrı yıkılmaz azmi ve kendini sürekli geliştirmesiydi.

John P. Kotter, şöyle diyor:

"Başkaları, başarısızlık acısı ya da başarı kibirinin bir sonucu olarak, otuzlu ya da kırklı yaşlarında sabit bir düzeyde tutunmaya karar kılarken, Matsushita öğrenmeyi ve gelişmeyi hep sürdürdü."

Onun hayatı, her şeyin bittiği düşünülen anlarda yeni başlangıçlar yapılabileceğinin örnekleriyle doluydu. Yaşamının değişik dönemlerinde karşı karşıya kaldığı zorluklar, onu olayları yeniden değerlendirmeye ve sürekli yeni bir şeyler öğrenmeye itti.

İnsanlığı geliştirmeyi de ideal edindi

Mutluluk için para kazanmanın tek başına yeterli olmadığını anladıktan sonra insanlık için büyük ideallerin peşine düştü. Önce çalışanlarına daha iyi koşullar sunmak için radikal kararlar aldı. Sonra toplumun gelişmesine katkı sunma sorumluluğunu şirket felsefesi haline getirdi. 2. Dünya Savaşı sonrasında ise dünya barışı, refahı ve mutluluğuna katkı sunmak için kurduğu enstitü aracılığıyla birikimlerini tüm insanlıkla paylaşmaya başladı.

Sadece ilkokul mezunuydu ama kendisini o kadar geliştirdi ki, ülkesinde 'yönetimin tanrısı' diye nitelenen, büyük bir kanaat önderi oldu. *Sadece parasıyla değil, fikirleriyle de saygı görüyordu.*

En belirgin özelliği zorluklar karşısındaki dayanıklılığı olan Matsushita yakaladığı başarıyı; *'tutku, bilmek, açık fikirlilik, yapmak ve yaptıklarını gözden geçirmek'* kelimeleriyle açıklıyordu.

- *Mütevazi bir kalp ve açık bir zihinle insan her deneyimden, her yaşta bir şeyler öğrenebilir.* Büyük ve insancıl olan ideallerle, başarı ve başarısızlığı fethedebilir, ikisinden de dersler çıkarabilir ve gelişmesini sürdürebilir.
- *Herkesin izleyecek bir yolu vardır.* O yol genişler, daralır, yokuş olur, çıkar, sonra iner. Çaresiz ve umutsuz gezinmelerin olduğu zamanlar olur. Ama cesaret dolu bir kararlılık ve inanç sayesinde, doğru yol bulunacaktır. Asıl zevkli olan da budur.
- *Hayatım boyunca deniz olmak istedim, denizlere hep özendim.* Düşünsenize, ırmaklardan, dere ve çaylardan, göllerden süzülen sular hep denizlere doğru koşuyor. Deniz coştukça coşuyor, kabardıkça kabarıyor. Bir do şu dağların zirvelerine bakın. Zamanla, bitki bile yetişmeyen kayalıklara dönüşmüşler. Acınacak durumdalar. Siz de deniz olmayı hedefleyin. Dağların zirvesinde kalmayın. Çalışanların fikirleri aynı akarsulara benzer. Aşağıya doğru akarlar. Siz yukarı çıkan akarsu gördünüz mü? Eğer makamınızdan dolayı kendinizi bir şey zanneder, onlardan kopar, çalışanlarınıza tepeden bakmaya başlarsanız, size hiçbir fikir gelmez. Yukarıda kurursunuz, kendiniz kuruduğunuz gibi şirketinizi de kurutursunuz. Alçakgönüllü olun, deniz gibi her zaman aşağıda yer alın. Onların arasına girin, onları dinleyin, sizden korkmasınlar, sizi onlardan birisi olarak görsünler.
- *Kapasitelerini sonuna kadar kararlılıkla kullanmaları halinde en yoksullar bile çok şeyi başarabilirler.* Zor dönemleri sadece tehlike olarak değil, öğrenme fırsatı olarak da görün. Zorluk ve başarısızlık durumlarında, insan da-

ha güçlenmiş olarak yeniden doğabilir. Başarı kendini beğenmişliğe ve riskten nefret etmeye yol açarsa, kişisel gelişimi durdurabilir. Başarılarını mütevazı ve dürüst biçimde değerlendirmeye istekli olmak kişisel gelişimin özüdür.

- *İnsanların kendi yazgılarından sorumlu özgür özneler olduğuna inanıyorum.* Seçim yapma şansına sahipler... Bir yol bizi barış ve mutluluğa götürürken, diğeri kaosa ve kendi kendimizi mahvetmeye doğru çekmektedir.
- *Gerçekliğe doğrudan, açık ve dürüst biçimde yaklaşın.* Anlık arzular ya da politik entrikaların sizi yoldan çıkarmasına izin vermeyin. Yağmur yağdığı zaman şemsiyenizi açın.
- *Sizce Thomas Edison'un hiç AR-GE'yle çarçur edeceği parası olmuş mudur?* Edison, gençliğinde gazete satarak geçimini sağlamak zorundaydı. Yine de, AR-GE için hiç harcama yapmamasına rağmen, dünyaya sayısız katkıda bulunabildi.
- *Cesaret dolu azmimizin ödülünü ileride alacağımıza kesinlikle inanıyorum.* Zorluklarımızın bize boyun eğdirmesi ve moralimizi bozmasına izin vermemeye çalışalım.
- Dikkatli çalışmak yeterli değildir. *Nasıl bir göreviniz olursa olsun, sanki kendi şirketinizin başkanıymışsınız gibi, işinizden tamamen sizin sorumlu olduğunuzu düşünmelisiniz.* Böyle yapmakla, sadece uygun cihazların yapılması ve yeni buluşların doğması mümkün olmaz, ayrıca kendi gelişiminize de büyük katkı yaparsınız.
- *İnsanlar bazen insan doğasının çirkin ve zayıf taraflarının kölesidir.* Bununla birlikte, kendiniz için yüksek hedefler belirler ve her gün onlar üzerinde düşünmeyi sürdürürseniz, adım adım daha fazla konsantre olur, ken-

dinizi daha iyi bir insan haline getirir ve böylece daha mutlu bir kişi olursunuz.

- *Gerçekten işinin ustası olan insanlar, zorlukların kendilerini alt etmesine izin vermezler.* Lider konumunda olan bir insanın aklından çıkarmaması gereken şeylerden birisi budur.
- Başarı ya da başarısızlığın, güvenli ve kararlı davranıp davranmayacağınıza bağlı olduğundan eminim.
- *Maddi konfora sahip olmak kesinlikle mutluluk garantisi değildir.* Sadece manevi zenginlik gerçek mutluluğu getirebilir. Eğer bu doğruysa, işletmenin yaşamın sadece maddi yanıyla ilgilenip, insan ruhuyla ilgilenmeyi din ya da ahlaka bırakması mı gerekir? Sanmıyorum. Manevi olarak zengin ve maddi açıdan bolluk içinde yaşayan bir toplum yaratma çabasına işadamları da katılabilmelidir.
- *Mevcut durumu sürdürmek, çöküşün başlangıcıdır.*
- Hayatta kalabilmek için rakipler yaratmalısın.

İNSAN İSTERSE, HAYATIN HER HALİYLE BAŞA ÇIKABİLECEK BİR BAŞARI SENARYOSU YAZABİLİR!

Kendi başarısının senaryosunu yazan genç bir adamın hikâyesidir

O sadece "iyi bir senarist olmak" istiyordu. Hayallerine ulaşması sandığı kadar kolay olmayacaktı. Turist rehberliği yapan, iletişim bilimleri mezunu olmayan bir insanın çok başarılı bir senarist olabileceğine kim inanabilirdi ki?

19 yaşına kadar babasının Aygaz bayisinde çalışmış bu genç adam, hayallerine nasıl ulaşabilirdi? Hiçbir yapımcı ona iş vermiyordu. Haksız da görünmüyorlardı; iletişim fakültesinden mezun değildi, ailesinde tanınmış bir yazar yoktu ve daha önce bu işi hiç yapmamıştı, tamamen "tecrübesiz" biriydi.

Genç adam, *"Herkes tecrübeli senarist arıyor, benim gibi yenilere bir fırsat verilmezse, nasıl tecrübeli olabiliriz ki!"* diye içten içe kızıyordu. Bir yandan hayallerinin peşinde koşmak için hırslanıyor, bir yandan da evli barklı olmanın verdiği sınırlayıcı sorumluluk duygusuyla, "Acaba turist rehberliğini bırakmakla hata mı ederim?" diye korkuyordu. Sonunda yüreğinin götürdüğü yere gitmeyi seçip, hayallerinin peşine düştü.

Senarist olamayınca yapımcı oldu!

Bir gün, engelleri aşmanın bir yolunu buldu. Cesurca bir atılım planıydı bu. *"Madem yapımcılar bana iş vermiyor ben de kendim yapımcı olurum ve kendime iş veririm,"* diye düşündü. İlginç bir kariyer senaryosuydu! Bir tür kötü ev sahibi insanı mülk sahibi yapar durumu söz konusuydu. Yapımcılar onu senarist olarak kabul etmediği için yapımcılığa başlıyordu.

Acaba başarabilecek miydi? Asıl amacına ulaşmak için ray değiştirmekle iyi mi yoksa kötü mü yapıyordu? Bunu zaman gösterecekti. *Ne de olsa, hayati kararlar onu aldığımız anda değil de, o kararı aldıktan sonra yaptıklarımızla iyi ya da kötüye dönüşüyordu...*

Genç adam yapımcılığa başladı ama yapımcı olmak da çözüm olmamıştı. Bu defa yapacağı dizileri yayınlayacak kanallar ona yapımcı muamelesi yapmıyordu! Hiçbir kanal onun projelerine para ödemiyordu. Ama o bu işi kafaya koymuştu, vazgeçmeye de hiç niyeti yoktu. Kartacalı komutan Hanibal gibi ya bir yol bulacaktı, ya da yeni bir yol açacaktı!

Karşılaştığı her engeli daha yaratıcı düşünerek aştı

Ne yapıp edip projelerini gerçekleştirecekti. Çünkü senarist olmanın senaryosunu kafasında yazmıştı bir kere. Su gibi, eğimli bulduğu yerden amacına akacaktı. Hedeflerine giderken esnek ve kararlıydı.

Yapımcı olmakla istediği sonuçlara ulaşması kolay olmayınca, *alışılmışın dışında bir yol bulmaya* karar verdi.

Madem kanallar para vermiyordu o da para almadan dizi yapacaktı! Bu fikir doğrultusunda hemen bir model kurdu. Türkiye'deki ilk barter modeliyle (reklam karşılığı) diziyi yaptı.

Bu model nasıl mı çalışıyordu? Yapımcı olarak bir reklamcı ile ortak oldu. Reklamcı ile beraber bir dizi yapacaklar, kanala yayınlanabilir halde kaseti teslim edecekler, buna karşın TV kanalı reklamcıya bir miktar ücretsiz reklam alanı verecek, bu reklam alanında yayınlanan reklamlardan elde edilen gelirle dizinin parası "belki" çıkabilecekti.

Onlara reddedemeyeceği bir teklif yapmıştı

Bu modelde kanalın (TRT) cebinden hiç para çıkmıyor, kurum hiçbir riske girmiyor, üstelik dizi içine alınan reklamdan bir de para kazanıyordu. Baba filmindeki ünlü replikte olduğu gibi "onlara reddedemeyeceği bir teklif" yapmıştı.

Biraz dolambaçlı da olsa ilk projesini satmayı başarmıştı ama bütçesi çok düşüktü. *O parayla dizi çekmek mucize gibi bir şeydi. İyi oyuncularla, işinin ehli insanlarla ve profesyonel stüdyolarda, profesyonel standartlarda çalışma imkanı yoktu.* Etrafında ona yardımcı olacak çok fazla insan da yoktu ama ok yaydan çıkmıştı. Ne yapıp edip diziyi çekecekti.

Önce İstanbul'un Hisarüstü semtinde bir nalburun depo olarak kullandığı 200 metrekarelik bir mekânı kiraladı. Bir salon, bir mutfak ve bir yatak odasından oluşan dizi dekoru inşa edildiğinde, mekânda oyuncuların giyinip soyunacağı ve yemek yiyebileceği yer kalmamıştı! Aynı yerde soyundular, giyindiler ve aynı yerde yemeklerini yediler.

İmkânsızlıklardan evinin kapıcısını önce set amiri sonra da oyuncu yaptı

Adı sanı bilinmediği ve yeterli bütçesi olmadığı için cast (oyuncu seçimi) konusunda da "idareli" hareket etmek zorundaydı. Tabii bu durum çevresindeki insanlara "artist" olmaları için iyi fırsatlar sunuyordu! Mesela evinin kapıcısını önce set amiri sonra da oyuncu yaptı. Kapıcı gelirken amcasının oğlunu da getirmişti! O da ekibe dahil oldu! Ekibin büyük bir çoğunluğu daha önce hiç kamera görmemişti.

Memleketinde minibüsçülük yapan bir akrabasını prodüksiyon amiri yaptı. Prodüksiyon amiri set bittiğinde direksiyona geçiyor ve ekibi evlerine bırakıyordu. Çekim sırasında da kamera karşısına geçip önemli rollerden birini oynuyordu.

Dizinin müziklerini, sanat yönetmenliğini ve prodüksiyon sorumluluğunu eşi yapıyordu. Aynı zamanda sürekli figürasyondu!

Erkek oyuncular onun, kadın oyuncular eşinin kıyafetlerini giyip geçtiler kamera karşısına

Dizi değil dert çekiyorlardı aslında. Dizinin her aşaması ayrı bir dertti. Ve bu dertlerin ortasında senaryo yazıyordu. Hiçbir firma bu küçük diziye sponsor olmak istemiyordu. Gazeteler onlardan bahsetmiyordu. Bu dizi kimsenin umurunda değildi.

Ama onlar pes etmedi. Evden mobilya taşıdılar. Erkek oyuncular onun, kadın oyuncular eşinin kıyafetlerini giyip geçtiler kamera karşısına. *Kendi evlerindeki masa örtüleri, yatak örtüleri, vazolar, çatal kaşık hepsi ekrandaydı artık!*

Başrol oyuncusunun üzerinde onun pijamaları vardı! Yıllardır takmadığı kravatları, giymediği kazakları bu küçük dizinin kostüm portföyünü oluşturuyordu. Yatak odası takımını kayınvalidesi gönderdi! Tabloları komşudan aldılar. Eş dost herkes bir şeyler verdi.

Hiç kimse hissetmedi onların bu diziyi yokluklar içinde çektiklerini. İzleyici seyrederken sadece gülüyordu. Oysa kamera arkasında hayatta ait olduğu yeri bulmak için trajikomik şartlarda çalışan bir adam vardı.

İlk dört bölümde bazı ürünlerin markası göründü diye kasetler iade edildi

Fedakârlık başarı için gerekliydi ama yeterli değildi. Aksilikler ve saçmalıklar bu durumda da peşini bırakmıyordu. İlk dört bölümde bazı ürünlerin markası göründü diye TRT kasetleri geri gönderdi. *O kısımları yeniden çekmek zorundaydılar.* O yoklukta tekrar çektiler birçok sahneyi.

İlk bölüm yayınlandığında ilk yüze giremedi bu "yokluklar dizisi". Kimse fark etmedi bile. TV otoriteleri "dördüncü bölümde kalkar bu dizi" dediler. O hiç pes etmedi.

Sonuç hiç de tahmin edildiği gibi değildi. *Toplam 650 bölüm çekildi o küçük dizi. İki kanala transfer oldu zaman içinde.* Fanları oldu, çok sevildi. Birçok star kazandırdı Türk ekranlarına.

Herhalde merak ediyorsunuzdur; kim bu senarist? Hangi dizi bu?

Dizinin adı "Ayrılsak da Beraberiz"di. Senarist olmak isterken yapımcı ve senarist olan o kişi ise Birol Güven'di.

Birol Güven daha sonra Çocuklar Duymasın, Kadın İsterse gibi Türk televizyonlarında ciddi başarılar kazanan yapımlara imzasını atsa da onun için Ayrılsak da Beraberiz'in yeri hep ayrı oldu.

Yaptığı en büyük iş olmasa da, yaptığı en düşük bütçeli iş olsa da, Birol Güven her sorulduğunda aynı şeyleri söyledi:

"Ben her şeyimi Ayrılsak da Beraberiz'e borçluyum. Tüm kapıları o açtı bana."

Birol Güven'in akıl defterinden bazı başarı notları

- *Hayatta en büyük başarı mutlu olabilmektir.* Hayatın tüm sorunlarına rağmen mutlu olmayı başaran insan herşeyi başarır
- Benim hayattaki en büyük isteğim " dede olmak". Torunlarımı görmek istiyorum. Sağlıklı bir şekilde ihtiyarlamak ve çocuklarımın tüm yaşam deneyimlerine şahitlik yapmak tek dileğim. *Bu anlamda etrafımda gördüğüm yaşlı insanlara bakıp gıpta ediyorum. Bence hepsi son derece "başarılı" insanlar. Her şeye rağmen dimdik ayakta kalmışlar ve yaşlanabilme başarısını göstermişler. Bu başarıyı ben de çok istiyorum.*
- Başarmak sadece skor tabelası demek değildir. Daha çok satmak, hedefe ulaşmak için her yolu mübah saymak hiç değildir. *Gerçek başarı itibarlı ve insanlığın yararına olandır.* Gerekirse skor tabelası ile çelişmelidir.
- *Her insan hayatı boyunca herhangi bir konuda başarılı olabilir ama değerli olan tekrar eden başarıdır.* Başarılı insan bu başarıyı büyük tesadüflerle elde etmez. Girdiği her işte bunu tekrar eder. Başarı istikrardır.
- *Başarı şaşırtıcı olmalıdır.* Daha önce yapılmamış ve özgün olmalıdır.
- Başarının yolu pes etmemekten geçer. *Şartlar ne olursa olsun bir çıkış yolu mutlaka vardır.* Başarı onu bulup çıkarmaktır.
- *Başarmak nefret etmemektir. Dünya'da hiç kimse nefret edilecek kadar önemli değilir.* Hayata makro bir bakış açısıyla uzaydan bakar gibi bakmak ve yaşamın ritmi içinde takıldığımız detayların aslında ne kadar önemsiz olduğunu görebilmektir.
- *Yaratandan istenebilecek tek şey sağlıktır.* Geri kalan herşeyi insan kendisi yapmalıdır. Gerçek zenginlik sağlık-

tır. Hem kendinizin hemde etrafınızdaki insanların sağlığı. Hatta bazen onların sağlığı sizinkinden daha önemlidir. Zenginlik bu sağlık ve yaşam boyu biriktirilen dostluklardır.

- Dünyada dolandırılan insanların ortak noktaları aç gözlülükleridir. Daha çok kazanma hırsı onların sonu olur. *Başarı bazen de yetinmesini bilmek ve bir hırs makinesine dönmemektir.*
- *İnsanların en az yaptığı şey takdir etmektir.* Herkes kötü gün dostu olmayı tercih eder. Çünkü sen kötü durum düştüğünde senin yanına koşanların bilinç altında tarif edilemeyen bir haz vardır. *Kötü durumda olan o değildir, sensindir. Senin yanındadır ama kendi durumuna şükretmektedir.* İyi ve başarılı günler ise çok daha zordur. Yanında kimse olmaz. Kimse seni takdir etmez. *Başarılı olmak takdir edilmemeye hazırlıklı olmak demektir. Başarılı olmak dünyadaki en büyük yalnızlıktır.* Başarı bu yalnızlığa göğüs germek demektir. Zirvede sadece bir kişilik yer vardır.
- Dünya da insanoğlunun uğraşması gereken sadece bir sorun vardır. Tüm diğer sorunlarında kaynağı o dur. Bu sorunun adı egodur. *Başarı bu egoyu yönetebilmektedir. Hem kendi egosunu, hemde başkalarının egosunu.* Başarısızlık ise egonuzun sizi yönetmesidir.
- *Başarı başarıyı önemsememekten geçer.* Cahil insan çok şey bildiğini, bilgili insan ise hiçbirşey bilmediğini bilir. Gerçek başarılı insan kendisini denizde bir damla olarak gören insandır.

İNSAN İSTERSE, HER ŞART ALTINDA AMACA GÖTÜREN BİR YOL BULUR!

Arnavut inadıyla, zorluklara yenilmeyen bir "başarı sanatçısı"nın öyküsüdür

Okuyacağınız öykü, göçmen bir ailenin çocuğu olarak doğan, hayatının çeşitli evrelerinde makas değiştirmek zorunda kalan, genlerinde taşıdığı "Arnavut inadı" sayesinde binbir engeli aşıp müzikte kariyer yapan, sahnelerin çıplak ayaklı, kızıl saçlı, entelektüel sanatçısı Candan Erçetin'in hayatıdır.

Fırat ve Dicle nehirlerinin bile donduğu, Türkiye'nin geçirdiği en soğuk kışlardan birinin yaşandığı 1963 yılının 10 Şubat'ında Kırklareli'nde doğdu. Babasının ailesi Üsküp, annesinin ailesi Priştine'den geliyordu. 1913'te biten Balkan Harbi esnasında Kırklareli'ne göçen ailede babaanne zor Türkçe konuşurken anne-babası ise aralarında Arnavutça anlaşıyordu.

Ailenin üçüncü çocuğuydu. *Babası kütüphane müdürü ve müzik öğretmeni olduğu için Candan Erçetin kitap ve notalarla çok küçük yaşta tanıştı.* Aile içinde kurulan keman, gitar, akordeon ve mandolin orkestrasında popüler danslardan Macar danslarına kadar çalmadıkları parça yoktu. Yedi yaşındayken yaptıkları ilk kayıt olan 'Buruk Acı' ünlü sanatçının arşivinde hâlâ saklıdır.

11 yaşında hayatın kalbine tek başına atıldı

Çocukluğunu ve ilkokul yıllarını aslında küçük, Trakya'ya göre ise büyük bir şehir olan Kırklareli'nde geçirdi. Sınıfının çalışkan kızını öğretmenleri de destekliyordu. *Girdiği parasız yatılı sınavlarında Galatasaray Lisesi'ni kazanınca, annesi onu elinden tuttuğu gibi İstanbul'a getirdi. Bu dev şehirde tek başına kaldığında sadece 11 yaşındaydı.*

Hayatın gerçekleriyle erken yaşta yüzleşmek zorunda kaldı. Yaşıtı kız öğrencilerle birlikte geçirdiği yatılı okul yılları, karakterinin oluşmasında etkili oldu. Tek başınaydı ama güçlü bir karakteri vardı.

Çok sevdiği için gidip arkeoloji okudu

Galatasaray Lisesi'nde okuması hayatında belirleyici oldu. Zaten onu şöhrete ulaştıracak 'cemiyet' ilişkilerinin temelini de burada attı.

Okul zordu ama onun gönlündeki müzik aşkı azalmıyor, artıyordu. Okulla birlikte 1979 yılında girdiği İstanbul Belediye Konservatuarı'nda şan eğitimine devam etti.

Galatasaray Lisesi'ni bitirdikten sonra, yakınlarının mühendislik gibi "geleceği garanti" bir meslek edinmesi yolundaki feryatlarına aldırmaksızın ilk tercihi olan İstanbul Üniversitesi Klasik Arkeoloji bölümüne girdi. Üniversite yıllarında Ortaköy'de yaşayan evli ablasının yanında kaldı.

Müzik çalışmaları ile mesleki eğitimini bir arada sürdürdü

Üniversitenin son yılı olan 1986'da büyük bir tesadüf sonucu Norveç Oslo'da düzenlenen Eurovision Şarkı Yarışması'nda 'Klips ve Onlar' grubunun bir üyesi olarak Türkiye'yi temsil etti. Grup o zamana kadarki en iyi dereceyi almış, dokuzuncu olmuşlardı.

Bazıları için büyük bir müzikal kariyerin başlangıcı gibi duran bu olaya rağmen, çok severek devam ettiği arkeoloji eğitimini sonlandırmak istemedi ve kazandığı bursla yüksek lisans yapmak üzere Viyana Üniversitesi'ne gitti. Bu kararında Efes'te Avusturyalılarla katıldığı kazıların etkisi büyüktü. Arkeoloji onun büyük aşkıydı. Zaten ilk eşini de arkeoloji sayesinde tanıdı.

Ama müzik onun peşini bırakmadı. Şan öğreniminden sonra ilk profesyonel deneyimini Viyana'da yaşadı. Konzerthaus Akademi Korosu'na girdi. Birçok ünlü soliste eşlik etti. *Hayatının geri kalanını geçirebileceğine inanarak gittiği Viyana'dan, 1 yıl sonra, ülkesini çok özlemiş olarak geri döndü.* İyisiyle kötüsüyle, insanın kendini en iyi hissettiği yerin doğduğu ve yaşadığı yer olduğunu anlamıştı.

Arkeolojiden organizatörlüğe yapmadığı iş kalmadı

İstanbul'a döner dönmez bir sürprizle karşılaştı. *Arkeolog titriyle resmi bir görev alabilmesi için neredeyse 10 yıl beklemesi gerekiyordu.* Oysa onun acele paraya ihtiyacı vardı. Bir kere yalnız yaşamaya alışmıştı artık, ev tutmalıydı.

Para kazanmak için diğer okul arkadaşlarının yaptığı gibi turizme bulaştı. Bu, Candan Erçetin'in ilk makas değiştirmesiydi. Tur operatörü oldu. Turizmin tökezlediği 1988–89 yıllarında ikinci kez makas değiştirdi ve bir dış yatırım şirketine geçti.

Orada sıkıntılar yaşanırken profesyonel müzik hayatını, 1989 yılında 'Siyah & Gümüş' adlı gece kulübünde, Arie Antique ve Chansons söylemeyi şart koşarak tekrar denedi.

Tam o sırada Eurovision'a birlikte gittiği Melih Kibar'ın yapım firmasından kurtarıcı teklif geldi. Böylece sahne dünyasının gerisine sıçrayacaktı. Organizatörlük ve menajerlik onun üçüncü makas değiştirmesiydi.

İşin mutfağında önceden bulunmuş olmanın büyük yararını gördü

Menajerlik ve sahne organizasyonu gibi alanlarda çeşitli şirketlerde kazandığı deneyimler, ona çok sonraları kendi albümlerini çıkardığında oldukça faydalı oldu. *Henüz yolun başındayken, yalnız sahne üzerinde değil sahne arkasında da nelerin gerekli olduğunu, bir organizasyondan insanların neler beklediğini biliyordu.*

Tercihi konservatuar eğitimini tamamlamaktı. Bu isteği ancak 1991'de gerçekleşti. Klasik eğitim görürken modern bir türe yönelemedi. *Çünkü gırtlağı değiştirmek gerekiyordu, bunu yapmak zaten yasaktı.*

Candan Erçetin, arkeoloji ve konservatuarda şan öğrenimi, kazılar, rehberlik, çevirmenlik, koristlik, organizatörlük derken ertesi yıl Bebek'teki S Restoran'da daha profesyonel ve uluslararası bir repertuar yaptı. Fransızca şansonlar söyledi.

Kendi sesini ve yeteneğini, amacının gereğine göre yeniden yapılandırdı

1994 mali krizi 'dönüşümü' kolaylaştırdı. *Candan Erçetin, hayatını klasik müzikle kazanamayacağını anlamıştı.* 12 yıl süren konservatuar eğitiminden sonra kendine 3 yıl zaman tanıdı. Dinledi, etüt yaptı, araştırdı. *Sonunda sesini popüler müziğe uyarladı.*

10 yıl öncenin 'dramatik sopranosu', antik aryalar, şansonlar söyleyen ismi artık bir 'popçu' olmuştu. Candan Erçetin bu son makas değişimi ile hayatının yeni yönünü belirlemiş oluyordu.

Belki de bazı insanlar bunu kitlelere verilmiş bir 'taviz' olarak görecekti ama o içine sindiği kadar, ruhuna uyduğu kadar popçu olacaktı. Bir sorun daha vardı. Popçu olmaya razı olmak, popçu olmaya yetmiyordu! Bir yerden başlayıp, bu yeni yolda kendini "kanıtlaması" gerekiyordu.

Yeni yoldaki ilk adımlar: Dipten başla, adım adım zirveye çık!

Candan, içinde ne yapmak istediğini netleştirince, yeni yönde yeni yollar bulmakta gecikmedi.

1994 Candan Erçetin'in hayatında yeni başlangıçların yılıydı. Önce mezun olduğu Galatasaray Lisesi'ndeki kadro açığını değerlendirip babasının da mesleği olan müzik öğretmenliğine başladı.

Televizyonculukla tanışması da aynı yıla denk geldi. Sunuculuğunu yaptığı Kanal D'de yayınlanan 'Kol Düğmeleri' adlı magazin programı yeni yöndeki, yeni yollardan biriydi. 1995 yılının Ekim ayında Numberone TV'de haftada beş gün yayınlanan ve 65 bölümden oluşan 'Randevu' adlı sohbet programını sundu.

İlk albümünün adı, başarıya hazır olduğunu ima eder gibiydi

Aynı yılın Temmuz ayında da ilk solo albümü olan 'Hazırım' çıkmıştı. İsmi sanki başarıya hazırlığını ifade ediyordu. 400 bin satan bu albümünde doğup büyüdüğü Trakya'nın ve ailesinin kökeni olan Makedonya'nın ezgileri ağırlıktaydı. Daha sonraki çalışmalarında da bu yörelerin müziğinden ilham almaya devam etti.

1996 yazında Türkiye için bir ilke imza atarak 'Sevdim Sevilmedim' adlı remix albümü çıkardı. Türkiye ilk kez tanıştığı 'remix' kavramını sevmiş, şarkının değişik versiyonları ülkenin birçok yerindeki yazlık mekânların en çok çalınanlarından biri olmuştu.

Bir yıl sonra solo albümü 'Çapkın'da kendi bestelerine de yer verdi. Bu albümde yer alan 'Yalan' şarkısı hit oldu. 400 bin satan 'Hazırım'ın ardından gelen 'Sevdim Sevilmedim' single'ı 180 bin, içinde 'Yalan'ın da bulunduğu Çapkın 850 bin sattı.

"Ölümden başkası yalan" ise, gerçek nedir?

Doğu-Batı arasında kaldığı için gelgitler yaşayan Candan Erçetin, lise çağlarında yerel kültürü çok sahiplenmediğini düşündüğü bir kuşağın üyesiydi. Yıllar sonra geriye dönüp baktığında geçmişi reddetmekle çok yanlış yaptığını anladı. Bu yüzden müzik yaparken sık sık yaşadığı toprakları tema olarak kullandı.

Belki de göçmen çocuğu olduğu için gayrimenkul almama gibi bir âdeti var. Şarkılarını kimi zaman hayatın satır aralarında, kimi zaman odaya kapanıp, bazen yanmasın diye yemeğin soğanını karıştırırken, bazen trafiğin ortasında araba kullanırken yaptı.

Onun derdi kimseyle değil, kendiyleydi!

Hayatının uzunca bir döneminde sürekli makas değiştiren Candan Erçetin, hit olan şarkısı 'Yalan'da dediği gibi *hayatta ölümden başka her şeyin yalan olduğuna* inandı.

Candan Erçetin'in kamuoyuna yansıyan "mesafesi" dikkat çekicidir. Oysa Candan Erçetin'in mesafesi kendisiyledir. Buz, ateş ve gizem karışımına sahip olmasının altında yatan da budur. *Her ne kadar buralıyım dese de, ait olmadığı sularda yüzen iyi bir yüzücü gibidir.*

Kültürlü, zeki, alımlı kimliğinin altında kabul etmese de, arada sırada gözyaşlarını tutamayan kırılgan bir Candan vardır. O kırılgan küçük kıza kim nasıl ulaşır, tahmin etmek zor. *Ancak onun hayatının sırrı, doğal gibi görünmekte değil, doğal olabilmekte yatıyor.* Belki de gerçek Candan Erçetin'i çıplak ayakları ile değil, çıplak ruhu ile tanımak lazım...

Candan Erçetin'in ağzından hayat ve başarı felsefesi

- Türkiye'de farklı meslek dallarında sadece işini yaparak marka olan birçok kurum ve kişi var. Sanırım hepsinin de başarılarının sırları ortak olmalı. Bu, sabrı, istikrarı, çalışkanlığı, ilkelerden ödün vermemeyi ve tüketicisini hayal kırıklığına uğratmamayı içinde barındıran bir karışım.
- Ben ise kişisel olarak başarıyı başka bir nedene daha bağlıyorum. *Başarıyı bir sabah uyandığınızda sahip olunabilecek bir şey olarak görmüyorum. Bence başarı bir ömür boyunca, verdiğiniz her bir randevuya saatinde yetişmek, yapmanız gereken bir ödevi zamanında yapmak ve birine verdiğiniz sözü yerine getirmek gibi yüzlerce küçük başarının toplamından oluşuyor.*
- Gerçekleştirmek için sırada beklettiğim öyle çok hayalim var ki! Ama hayal işte! Adı üstünde. Dillendirmek gerekir. Sadece şunu söyleyebilirim, umarım bir yıla varmaz birini daha gerçekleştirecek kadar şanslı olurum.
- *Mesleki açıdan her şeye tahammül etmeyi öğrettim kendime.* Çünkü tahammülsüzlük öfkeyi, öfke de yanlışı getiriyor insana. Her şeyi gözlüyorum ve daha önceleri tahammül edemeyecek olduğum albümleri, yüksek tiraj yapan birçok kişiyi de ciddiye alıyorum. *Tabii ki bu durum dinleyici olarak zevkimi değiştirmiyor.*

- Benim 'keşke'lerim, 'keşke dün akşam çok yemeseydim, keşke bu saatte trafiğe çıkmasıydım' gibi basit, günlük olaylarla sınırlı. Keşke lafını neredeyse hiç kullanmam. *Çünkü 'keşke' geri alamayacağınız bir anın tekrar yaşanması üzerine kurulmuş bir hayaldir.*
- Yanlışlarımdan sadece öğrenmeye çalışırım. Hatalar da bunun için var zaten. *Aynı hatayı tekrarlamamak için dikkat ederim ama yeni hatalar yapmaktan da korkmam.* Aksi halde gelişmemiz mümkün değil.
- *Bana göre, iklimler karakterlerin oluşmasında etkendir.* Ben, kara ikliminin hâkim olduğu, ormanlarla çevrili Kırklareli'nde doğdum, büyüdüm. 11 yaşında yatılı okula geldim ama okul harici yine evimdeydim. İstanbul'da sürekli ikamet etmem ise 19 yaşımdan sonrasına rastlar. İstanbul'u çok iyi bilirim, ama bu şehrin değişken ikliminin karakterimi etkileyeceği yaşlarda buralarda değildim. Tarih boyunca İstanbul'un karakteristiği olan entrikacılıktan hiç anlamam! *Ben İstanbul'u mesken tutmuş, geri dönüşe gün sayan bir taşralıyım.*
- *Bilinen tüm Arnavut hikâyeleri, çalışkanlık, el becerilerinin kuvvetliliği ve inatçılık üzerine...* Bende de bu özelliklerin hepsi var. Başladığım işi bitirmek veya hedefime ulaşmak konusunda inatçıyımdır.
- *İşte ve özel yaşamımda, her işi kendim yapmayı severim.* Son derece işinin ehli bir ekiple çalışıyorum, ama gerekirse bir şeyleri bizzat yapabilmek benim için çok önemli. Bu tabii ki her şeyi merak etmeyi, hatta her işe burnunu sokmayı da getiriyor yanında.
- Üniversitedeyken kararım, hayalimdeki meslek olan arkeolojiyi sürdürmekti. Bu konuda epeyce direndim. İstanbul Üniversitesi Klasik Arkeoloji bölümünde 3.sınıf öğrencisiyken, ilk kez Efes kazılarına katıldım. Da-

ha sonra Avusturya Araştırma Bakanlığı'ndan bir burs aldım ve Avusturya'da arkeoloji okumaya devam ettim. Kadro sorunuyla karşılaşınca, hayatımı kazanmak için turizm sektörüne kaymak zorunda kaldım.

- *Kazanmak için çok çalışabilirim. Ama çok para kazanmak için göze alamayacağım birçok şey var.* Üç çocuklu bir memur ailesinin en küçük ferdiyim. Dolayısıyla sınırlı para ile geçirdiğim süre bol parayla geçirdiğim süreden daha uzun. Ve tabii her memur çocuğu gibi, hayat bana da onurun paradan daha kıymetli olduğunu öğretti. Sağlığım yerinde olduğu müddetçe her koşulda yaşarım ve mutlu olurum.
- 60 yaşında nasıl bir hayatımın olacağının hayalini kurmadım ama bir çiftlikte yaşayan ve aldığı hasatı kendi değerlendiren, etrafında da onlarca hayvan koşturan yaşlı bir kadın olmayı isterdim.
- *Hayatın bir sırrı olduğuna inanıyorum. Herkes gibi ben de onu çözmek için buradayım.*

Yazan: Nilufer Kas

AZİM VEREN SÖZLER: AZMİN ZAFERİ İLE İLGİLİ KİM NE DEMİŞ?

Harikulade şeyler ancak içlerindeki bir şeyin koşulların üzerinde olduğuna inanma cesaretini gösterenler tarafından yapılmıştır.

Bruce Barton

Yaşamak, kendi kendini adam etmektir. Zekâ ve bilgiyi kullanarak, etinden kemiğinden kendi heykelini yapmaktır.

Goethe

Bütün insanların hayat hikâyelerini okurken, ilk zaferlerini kendilerine karşı kazandıklarını görmüşümdür. Hepsinde de öz disiplin başta geliyor.

ABD Başkanı Harry Truman

Başarı azim gerektirir, azim ise irade. Bazı hedefler, başarısız olmaya da değer. Gerçek başarı, başarısız olma korkusunu yenebilmektir.

Sweeney

Dünyada değişiklik yapmakta başarılı olanlar, değişikliğe kendilerinden başlayanlardır.

G. Bernard Shaw

Dünyanın gördüğü en büyük başarı önce bir hayaldi. En büyük çınar bir tohumda, en büyük kuş bir yumurtada gizliydi.

James Allen

Kristof Colomb'un en çok beğendiğim yanı, yeni bir dünya keşfetmesi değil, bu düşünce üzerine onu aramaya gitmesidir.

Robert Tourgof

Hayat bir bisiklete binmek gibidir. Pedalı çevirmeye devam ettiğiniz sürece düşmezsiniz.

Claude Pepper

İhtiraslar, geminin yelkenlerini şişiren rüzgârdır. Bazen gemiyi batırdığı olur, ama onsuz gemi, yerinden kımıldayamaz.

Voltaire

Başarının gerçek ölçüsü nelere sahip olduğun değil, nelerden vazgeçebildiğindir.

Jackson Brown

Bazıları her şeyi olduğu gibi görür, "niçin" diye sorar. Ben hiç var olmamış şeyleri düşünürüm, "neden olmasın?" diye sorarım.

G. Bernard Shaw

İnsan zihni yeni bir fikre uzandığında, bir daha asla eski boyutlarına dönmez.

Oliver Holmes

Kendisini ümit ile besleyen insanlar şişmanlamaz.

Sicilya Özdeyişi

Suda yürümenin sırrı taşların nerede olduğunu bilmektir.

Herb Cohen

Bütün güzel ilkeler, yol gösteren deniz fenerlerine benzerler. Ancak limanı bilenlerin işlerine yararlar.

Fayol

"Bir şeyler yapmalıyım" her zaman "bir şeyler yapılmalıdır"dan çok sorun çözer.

Bits and Pieces

Yenilmesi gereken ilk düşmanlar öfke ve umutsuzluktur.

Colette

Kararlılık keskin bir bıçağa benzer, keskin ve düz keser. Kararsızlık ise kör bir bıçak gibi kestiği her şeyi parçalar ve yırtar.

Jan Mc Keithen

İki kolun kucaklayamayacağı kadar büyük bir ağaç, saç kadar ince bir kökten doğmuştur. Yedi katlı bir kule, bir toprak yığını üstünde yükselir.

Bin fersahlık bir yolculuk da bir adımla başlar.

Lao – Tse

Eğer bir insan onu rüyasında görmeseydi, başka bir insan onun yapılabileceğine inanmasaydı ve başka biri de onun yapılmasını istemeseydi göklere değecek hiçbir şey yapılamazdı.

Charles F. Kettering

Düşünmek kolaydır, uygulamak güçtür. Dünyada en güç olan şey de, insanın bir şeyi düşüncesine göre uygulamasıdır.

Johann Von Goethe

Bizi güçlü yapan yediklerimiz değil, hazmettiklerimizdir, bizi zengin yapan kazandıklarımız değil, muhafaza ettiklerimizdir; bizi bilgili yapan okuduklarımız değil, kafamıza yerleştirdiklerimizdir.

Francis Bacon

Nerede olursanız olun, elinizdekilerle yapabileceklerinizi yapın.

Theodore Roosevelt

Hayatınızı yaşamanın iki yolu vardır; birincisi, sanki hiçbir şey mucize değilmiş gibi düşünmek, ikincisiyse sanki her şey bir mucizeymiş gibi yaşamaktır.

Albert Einstein

İnsanlar arasındaki gerçek fark enerjidir. Sağlam bir irade, belirlenmiş bir amaç, yenilmez bir azim her şeyi başarabilir. Büyük adamlarla küçük adamları birbirinden ayıran da budur.

Thomas Fuller

Eğer bir etki yaratabilecek kadar büyük olmadığınızı düşünüyorsanız, bir sivrisineği, yaşadığı bir odada yatmayı deneyin!

Anita Koddick

Derleyen: Zehra Boyacı

"ŞURAYA YAZIYORUM, BİR GÜN BENİM DE ÖYKÜMÜ YAZACAKSINIZ" FORMU

Buraya kadar çok sayıda başarı öyküsü okudunuz. Şimdi aşağıdaki soruları kullanarak kendi başarı öykünüzü düşünmeye ne dersiniz? Bir gün neden olmasın...

1. *Başarmayı düşündüğünüz hedef:* Neyi başarmak istiyorsunuz?
2. *Hedefe ulaşırken kullanacağınız yol:* Nasıl başarmak istiyorsunuz?
3. *Başarmak için kendinize tanıdığınız süre:* Ne kadar sürede başarmak istiyorsunuz?
4. *Hayallerinizdeki "en yaşanılası" yer:* Başardıktan sonra nerede yaşayacaksınız?
5. *Başarınızı duyuracağınız ilk kişi:* Başarı sevincini ilk kiminle paylaşmak istersiniz?
6. *Devler liginden arkadaşlar:* Bir gün zirveye çıkınca zirvedeki kimlerle yakın arkadaş veya dost olmak istersiniz?
7. *Başkalarına yapılacak katkı:* Başarılı olup elinize büyük imkânlar geçtiğinde, ilk önce kimin için ne yapacaksınız? Yardım edeceğiniz ilk kişi kim?
8. *Başarınızı kutlama mekânı:* Hayal ettiğiniz şeyi gerçekleştirdiğinizde kendinizi nasıl ödüllendireceksiniz? Nasıl bir kutlama yapacaksınız?
9. *Başarı öykünüzün ön taslağı:* Başarı öykünüz "İnsan İsterse" dizisinde yayınlanacak olsaydı, nasıl yazılırdı? Kendi öykünüzün başlığı ve akışı nasıl olurdu?
10. *Hayallerinizi gerçekleştirdikten sonra bizi haberdar etmeyi unutmayın!*

MÜMİN SEKMAN,

Kişisel gelişim ve *sosyal başarı* türünde kitapların yazarıdır. *'Başarılı olmak öğrenilebilir'* düşüncesini savunan yazarın kitapları:

1. Ya Bir Yol Bul, Ya Bir Yol Aç, Ya Da Yoldan Çekil! (44. baskı)
2. Kesintisiz Öğrenme (15. baskı)
3. Türk Usulü Başarı (8. baskı)
4. Başarı Üniversitesi (27. baskı)
5. Kişisel Ataleti Yenmek (33. baskı)
6. Çevik Şirketler: Kurumsal Ataleti Yenmek (7. baskı)
7. Her Şey Seninle Başlar (800.000 adet)

7.5 Her Şey Seninle Başlar 9+ (Çocuklar için başarı kitabı - 22. baskı)

8. Limit Sizsiniz (250.000 adet)
9. Her Şey Beyinde Başlar (100.000 adet)

Bu kitaplardan başka, sıfırdan zirveye çıkanların başarı öykülerinin anlatıldığı *'İnsan İsterse: Azmin Zaferi Öyküleri'* dizisinin danışmanlığını yapmaktadır.

İstanbul'da doğan yazar, Ankara Üniversitesi Hukuk Fakültesi'ni bitirdi ama hukuk alanında hiç çalışmadı. Başarılı insanları inceleyip, nasıl başardıklarını analiz edip, başarılı olmak isteyenlere anlatmayı meslek ve misyon olarak seçti.

15 yıl boyunca üniversite, şirket ve kamu kurumlarında başarı semineri verdi. Zirvedeki bazı isimlere *başarı yönetimi danışmanlığı* yaptı. Bir dönem *Çocuklar Duymasın* dizisinin senaryo danışmanı oldu.

Sekman, *Kişisel Gelişim Merkezi*'nin (kigem.com) kurucusudur. Kigem.com Türkiye'nin ilk kişisel gelişim içerikli internet sitesidir ve 'Beyin Haftası' kutlamalarını yürütmektedir.

Türkiye'de 'kişisel gelişim uzmanı' titrini kullanan ilk kişi olan Sekman, Londra merkezli *The Success Think Tank*'ın kurucusudur. Yazar dünyanın metrekaresine düşen başarılı insan sayısını artırmayı kişisel misyonu saymaktadır.

Rakamlarla Mümin Sekman'ın Kariyeri

- Bugüne kadar 9 kitabı yayınlandı.
- Türkiye'nin 40 şehrinde seminer verdi.
- Konferanslarına 100.000'den fazla insan katıldı.
- Kitaplarının toplam baskı sayısı 1.500.000'i geçti.
- Her Şey Seninle Başlar ise 6 yılda 800.000 baskıyla Türkiye rekoru kırdı.

www.muminsekman.com

HER ŞEY BEYİNDE BAŞLAR

Başarı, mutluluk, huzur beyinden gelir.
İnsanın karakteri, kararları, kaderi kafasında şekillenir.
Bazıları baştan kazanırken, bazıları 'kafadan' kaybeder!
Beyin vücudun % 2'si olsa da, geri kalan % 98'i yönetiyor.
Önemli bir iş yaptığından başımızın üstünde yeri var!
Aklın makinesi olan beyin herkese 'bedava' veriliyor!
Çoğumuz onu nasıl çalıştırmak gerektiğini öğrenmiyoruz.
O da kafamızın içinde, kafasına göre çalışıyor!
Bu kitap beyne, beyni anlatıyor. Aklını başına toplamak ve hayatını 'baş'tan aşağı değiştirmek isteyenler için...

LİMİT SİZSİNİZ

Limit Sizsiniz, kendi kanatlarıyla uçmak isteyenler içindir. "Önce kendi kanatlarına güven" der, "büyük başarı kalpten gelir, beyinde büyür, ellerden hayata akar!" Dışımızdaki limitler, içimizdekiler kadar büyür ya da küçülür. Kafesten çıkınca değil, kafesi kafamızdan çıkarınca özgürleşiriz. Baş+arı: "Baş" olmak için "arı" gibi çalışma gerekir! İnsanlar üçe ayrılır: Gerçekten başarılılar, başarılıyım diye geçinenler ve başarılı insanlar üzerinden geçinenler!

HER ŞEY SENİNLE BAŞLAR

Çaresizlik öğrenilmiştir. Başarılı olmak da öğrenilebilir. Sende sandığından fazlası var! Gelebileceğin en iyi yerde değilsin. Yeni bir hayat için gereken, yeni bir akıldır. Doğru şeyi yapmak için yanlış zaman yoktur. Rüzgârı suçlamayı bırak, yelkenleri kullanmayı öğren! Seyirci koltuğundan sıkıldıysan, sahneye çık. Zirvede her zaman bir kişiye daha yer var. Başkaları yapabildiyse, sen de yaparsın. Her şey seninle başlar! Hayatta ya tozu dumana katarsın, ya da tozu dumanı yutarsın. Seçim senin! (HŞSB Türkçe'deki en çok satan sosyal başarı kitabıdır.)

KİŞİSEL ATALETİ YENMEK

Başarılı biri olmak için neler yapmanız gerektiğini biliyorsunuz. Bunları niçin yapmanız gerektiğini de biliyorsunuz. Yapmamakla neler kaybettiğinizi, yaparsanız neler kazanacağınızı da biliyorsunuz. İsterseniz nasıl yapabileceğinizi de biliyorsunuz. Buna karşın yine de yapmıyorsunuz! Sizi durduran nedir? ATALET! Bu kitapta, hem atalet (eylemsizlik) hali analiz ediliyor hem de atalet haline son vermek için çözümler sunuluyor. Ataleti yenmek üzerine yazılmış Türkçedeki ilk ve tek kitap.

YA BİR YOL BUL YA BİR YOL AÇ

"Ya Bir Yol Bul, Ya Bir Yol Aç, Ya da Yoldan Çekil", hayat amaçlarını profesyonelce belirlemek, hayatını planlamak ve kontrol altına almak isteyenler için hazırlanmıştır. Bu kitap, başarı yolculuğunda; yola çıkmak isteyenlere, daha iyi bir yol arayanlara, çıkmaz sokağa girmiş olanlara kılavuzluk edecek bir başarı haritasıdır.

KESİNTİSİZ ÖĞRENME

Kesintisiz Öğrenme, "bilgi, öğrenme, başarı," üçgeninde bir insanın neyi, nasıl yapması gerektiğini anlatıyor. "Öğrenmeyi öğrenme" kavramının anlatıldığı bu kitapta daha hızlı, daha kolay ve daha kalıcı öğrenebilmek için kullanabileceğiniz teknik ve stratejileri bulabilirsiniz. Daha başarılı öğrenmek ve öğrenerek başarmak isteyenlere...

ÇEVİK ŞİRKETLER

Artık büyük balık küçük balığı değil, hızlı balık yavaş balığı yutuyor! Puma kadar atik, esnek ve hızlı hareket edebilen 'çevik şirketler' kazanıyor, hantallaşmış 'ataletli şirketler' kaybediyor. Bu kitapta çevik şirketlerin başarı stratejileri inceleniyor. Çevik bir şirket olmak için insanları, teknolojiyi, süreçleri, yapıyı, kültürü nasıl değiştirmek gerektiği anlatılıyor.

TÜRK USULÜ BAŞARI

Türkiye şartlarında başarılı olmak için neleri bilmek gerekiyor? Alanında ilk ve tek olan "Türk Usulü Başarı", Türk kültürünün kendine özgü başarı anlayışını analiz etmektedir. "Türk Başarı Kültürü" ile ilgili tarihi belgeler, istatistiki bilgiler, başarılı kişilerin görüşleri, ilgili akademik araştırmalar ve geliştirilen özel anketlerle tespit edilen kamuoyu görüşleri bir araya getirilmiştir.

OKUL HAYATINDA BAŞARI: DERSLERİ NASIL ÇALIŞMALI?

Her Şey Seninle Başlar, çocuk! Annelerin ısrarlı isteği üzerine hazırlanan bu kitapta, ilk öğretim öğrencilerine başarısızlık korkusunu yenme ve kendine güvenme duygusu aşılanıyor. 9+ yaş grubuna hitap eden kitapta, Sinem Kobal fotğraflarıyla öyküleri canlandırıyor.

Başarı Üniversitesi'nin konusu, üniversite sınavında başarılı olmak! Lise öğrencileri ve ÖSS adaylarına hitap eden bu kitapta, "okul hayatında başarı" ele alınıyor. Öğrencilerin "unvan maçı" olan sınavlardan başarıyla çıkmasını sağlamak için...

İNSAN İSTERSE: AZMİN ZAFERİ ÖYKÜLERİ SERİSİ

Büyük hayalleri, küçük hayatları vardı.
Hayallerinin verdiği umutla yola çıktılar.
Başlangıçta tek sermayeleri cesaretleriydi.
Paraları yoktu. Çevreleri yoktu. Zorluk çoktu.
Çevredekiler "senden bir şey olmaz" derken,
Küçük imkanlarla büyük engelleri aştılar.
Çoğu kez yenile yenile yenmeyi öğrendiler.
Azmettiler, pes etmediler, başardılar.

Kigem ekibi azmin gücüyle sıfırdan zirveye çıkanların,
Okuyana güç veren başarı öykülerini araştırdı, yazdı.

Mümin Sekman'ın danışmanlığında hazırlanan İnsan İsterse dizisi yeni kitaplarla "azmin zaferi öyküleri" anlatmaya devam edecek.